Nicholas Barnett

WHY PURPOSE MATTER
AND HOW IT CAN TRANSFORM
YOUR ORGANISATION

［目标决定企业成败］

［澳］尼古拉斯·巴内特　［澳］罗德尼·霍华德———— 著　　范晶波　赵薇　孙雨———— 译

地震出版社
Seismological Press

图书在版编目（CIP）数据

目标决定企业成败 /（澳）尼古拉斯·巴内特
（Nicholas Barnett），（澳）罗德尼·霍华德
（Rodney Howard）著；范晶波，赵薇，孙雨译 . -- 北京：
地震出版社，2020.12
书名原文：Why Purpose Matters and How It Can
Transform Your Organisation
ISBN 978-7-5028-5171-2

Ⅰ. ①目… Ⅱ. ①尼… ②罗… ③范… ④赵… ⑤孙
… Ⅲ. ①企业管理—目标管理 Ⅳ. ① F272.71

中国版本图书馆 CIP 数据核字（2020）第 001892 号

Nicholas Barnett and Rodney Howard Why Purpose Matters and How It Can Transform Your
Organisation
ISBN 978-0-9945452-6-8
Copyright © Nicholas S. Barnett and Rodney Howard 2017
All rights reserved
First published in the English language by Major Street Publishing Pty Ltd.
Simplified Chinese rights arranged with Major Street Publishing through R&T Publishing Co.Pty Ltd.
and Seismological Press.
由 Major Street Publishing 首次以英文出版。R&T 出版有限公司、Major Street Publishing 与
地震出版社共同拥有简体中文版版权。

著作权合同登记 图字：01-2020-4894
地震版 XM4540/F(5890)

目标决定企业成败

［澳］尼古拉斯·巴内特 ［澳］罗德尼·霍华德 著
范晶波 赵薇 孙雨 译
责任编辑：李肖寅
责任校对：王亚明

出版发行：**地震出版社**
　　　　　北京市海淀区民族大学南路 9 号　　　　邮编：100081
　　　　　发行部：68423031　　68467993　　　　传真：88421706
　　　　　门市部：68467991　　　　　　　　　　传真：68467991
　　　　　总编室：68462709　　68423029　　　　传真：68455221
　　　　　证券图书事业部：68426052　　68470332
　　　　　http://seismologicalpress.com
　　　　　E-mail：zqbj68426052@ 163.com
经销：全国各地新华书店
印刷：北京柯蓝博泰印务有限公司

版（印）次：2020 年 12 月第一版　2020 年 12 月第一次印刷
开本：880×1230　1/32
字数：101 千字
印张：6
书号：ISBN 978-7-5028-5171-2
定价：55.00 元

社会各界的赞誉

随着公司步入正轨，公司的目标应是实现卓越的财务业绩。这个目标能提高员工的生产效率、敬业度，增强员工的工作积极性，从而使公司获取更多的利润。

——澳大利亚国民银行总裁　彼得·艾奇逊

当企业将目标融入企业文化，并使之成为日常交流和思维方式的一部分时，要确保所有计划、项目、决策、活动、行为和信息传递与依据目标制订的策略协调一致，紧密相连。

——澳大利亚维多利亚州文森特医疗公司首席执行官
约翰·布旺斯基

作为领导者，我们的主要职责之一是确保员工遵循共同的目标和价值观，团结一致。我们的价值观与企业的目标和竞争优势相结合，形成了"吉朗之路"——一条不同寻常的经营之道。我们招募、培养并奖励那些认真践行"吉朗之路"的员工。

——吉朗足球俱乐部首席执行官　布莱恩·库克

我们的企业和社会迫切需要增强使命感。尼古拉斯·巴内特和罗德尼·霍华德提出了一个令人信服的观点：只有在企业的长期目标不仅仅代表企业领导的意向，还与集体目标相一致，员工和企业领导反思自己的行为及其原因时，企业才能大获成功。

这一指南可以帮助我们从事业和生活中获取很大的利益。

——澳大利亚世界宣明会首席律师　蒂姆·科斯特洛

要想实现目标，就要实施重大变革，企业需要与股东、员工、供应商、客户以及社会共同制订议程。只关注股东的价值回报，不仅无益于实现目标，还会让企业执迷于短期成效，对长期风险和机遇视而不见。

——辛特奥董事总经理　切斯特·坎宁安

我们最近才阐明了目标宣言，如今其发挥着重要作用——帮助我们提升员工满意度，改善企业变革能力，使我们更加注重改善客户体验。明确我们的目标，并将目标、员工的努力以及优质的产品和服务相结合，为企业的长期成功奠定了坚实的基础。

——澳大利亚财富管理集团总经理　克里斯托弗·克拉尔

福利可以让业界认识到，没有必要为了让员工在工作中充满激情而支付高额薪水。目标比金钱更能激励人心。

——温特林厄姆福利组织首席执行官　布莱恩·利普曼

我们需要为日常工作奠定坚实的基础。目标明确的员工和企业能够坚持自己选择的事业，走向成功的彼岸。这就是毕马威认同自身目标的原因，也是我们竭力在企业中植入使命感的原因。

——澳大利亚毕马威会计师事务所董事长　彼得·纳什

目标就像快速转动的飞轮，给我们源源不绝的前进动力，为我们带来比短期结果更持久、更可观的企业绩效。

回首过往，在我们启程踏上"目标探索之旅"时，从未料到它竟有如此磅礴的变革力量。

——澳大利亚私人保险公司前董事总经理兼首席执行官

乔治·萨维德斯

我们的家族愿景和目标是一切计划和决策的基石。这句话简洁而深刻，为那些复杂的深层次问题提供了清晰的答案和方向。我们为什么要以家族的形式共同奋斗？我们想给子孙后代留下什么？这些问题曾让我们绞尽脑汁。

——澳大利亚史迪威家族企业董事长　克里斯·史迪威

我们的目标之旅仍在继续，还有很大的进步空间。我们现在经常商讨如何改善财富管理、医疗保健及人才管理服务，从而创造更美好的生活，并积极利用我们的专业知识为客户打造美好未来。

——美世咨询公司总经理兼太平洋区负责人　本·沃尔什

我们都喜欢有趣的故事，尤其是有现实意义的故事。尼古拉斯和罗德尼二人志趣相投，合著了《目标决定企业成败》。这本书情节紧凑、引人入胜。它以一个企业的日常故事展开，我们可以从自己的职场经历中发现书中虚构角色的原型。

这场变革之旅充满坎坷，他们必须直面沿途挑战、勇敢克服困难——领导和员工偶尔会精神崩溃，但他们也在努力实现工作与生活的平衡。这个故事真实可信、扣人心弦，能让读者沉浸其中，引发强烈共鸣。在本书的结尾，尼古拉斯和罗德尼笔锋一转，采用了简洁明快的商务写作风格——有些人希望找到适用于工作和生活的普遍方式，标准答案已经明明白白地写在书里，字字珠玑。如果您能深刻理解他们对目标的解读，必定会受益良多。

——澳大利亚人力资源协会全国主席　彼得·韦尔森

致　谢

没有大家的建议、鼓励和大力支持，我们不可能写就本书。在此，我们想向各位致以深切的谢意。

在本书写作初期，斯蒂芬·赫伯特和劳拉·巴克为书中第一部分的人物形象和故事情节设计提供了大量帮助，对此我们深表感激。

许多人读过本书的初稿后，提供了宝贵的意见，并鞭策我们要深挖细掘，延展特定概念。特别感谢西蒙·巴内特、穆雷·查普曼、蒂姆·科斯特洛、詹姆斯·格瑞欧克、萨曼莎·霍金斯、桑德拉·罗德、德斯·麦高文、米歇尔·梅特卡夫、克里斯·斯蒂文斯、朱莉·韦伯、彼得·威尔逊等人提供的建议和帮助。

感谢玛格丽特·罗杰斯在行政上给予我们的充分支持。感谢安东尼·巴内特为本书的页面设计和排版布局所付出的努力。

9位首席执行官的供稿是画龙点睛之笔。他们提供的内容印证了目标对企业而言大有裨益。由衷感谢他们不吝花费时间，与我们分享智慧。

我们还要特别感谢彼得·纳什。在写作初期，与他的每次讨论都令我们灵感闪现，文思泉涌。此外，他还慷慨相助，为本书撰写了序。感谢大道出版社的莱斯利·威廉姆斯给予的大力支持，以及他提出的诚恳的忠告和睿智的建议，这对于本书的定稿和出版至关重要。

　　我一直为能在毕马威工作而感到无比自豪。我深知我们所做工作的重要性，也明白我们这样的企业对员工、客户和社区的影响。但我并没有花很多时间思考或谈论此事——这正是我们的职责所在，或许我已经把这当作理所当然的事了。

　　四年前，情况发生了变化。我们的全球董事长约翰·维梅耶开始谈及企业目标，仿佛瞬间点亮了一盏明灯。目标帮助我更为透彻地理解了我们所实现的价值，也帮助我阐明了自己一直心知肚明的事情——为什么我的工作如此重要，为什么我们在毕马威所做之事至关重要，即我们带来了什么改变。

　　在个人层面上，这既能鼓舞人心，又能给员工充分的自由。我找到了一种强有力的方法，能更好地理解和传达我们所做的贡献以及企业的价值。它也向我展示了：如果我们想与企业成员、客户以及社区建立联系，清晰明了地阐明目标是至关重要的。

对于毕马威而言，值得一提的是，我们对自己目标的理解，以及阐明目标的能力，并不是瞬间产生的。这不是我们在部门小组会议上提出的，也不是通过咨询营销公司得出的。企业必须花费大量的时间和精力回顾过去、反思现在、展望未来。

退一步说，为什么我们所做的事情是重要的呢？如果毕马威不存在，世界又将错过什么？我们与所有的利益相关者、合作伙伴、员工及更广泛的社区对话，与其建立联系。我们共同确定了一个明确的目标，这个目标在过去100多年来一直激励着毕马威的员工，今天依然如此。我们不是"创造"目标，而是发掘或挖掘工作目标。事实上，这些目标一直存在。我们找到了一种传递目标的方式，将它凝练成"激发企业信心，赋予变革力量"这句话。这就是我们的目标，也是我们存在的意义。

让我们的核心领导认同目标的概念和力量并非难事，

毕竟他们并不是最重要的受众。如果企业想要采纳目标，真正做到以目标为导向，那么目标必须贯穿整个企业。我们知道，要释放目标的力量，整艘船上的人都得相信并支持它。做不到这一点，以目标为导向就只是纸上谈兵，或者仅仅是营销噱头。

发布一则通讯，宣布一下确立的目标，然后就期待着赢得员工和利益相关者的支持，这简直是异想天开。仅凭这些就想让目标深入人心是远远不够的，要想让目标深入人心，需要付出努力、花费时间、具备真正的信念。如果缺少其中一个要素，尤其是最后一个要素，那将永远无法实现让大家理解目标的期望。

我们在澳大利亚约有6700名员工，在全球有超过18.9万名员工。我们正在毕马威的"目标之旅"中前进。毫无疑问，它激励了我们的领导者，并开始激励员工。调查证明，员工确实渴望理解和谈论我们的目标，并在探索他们该如何将目标变为现实。事实上，调查结果显示，对目标的理解和讨论能够直接提高员工的参与度，并能直接增强他们的职责意识和团队精神。

鉴于我们已经把目标阐述得一清二楚，谈起来也是信心十足，我们准备与客户和社区利益相关者开展一种不同类型的对话——直击目标本质，内容更加丰富深刻。目标导向的力量正在崭露锋芒。

我们生活在一个充满挑战、瞬息万变的时代，变化速度之快前所未有。飞速的变化导致的动荡在我们周围无处不在——政治、经济层面上及我们的社区内。在这种情况下，让人们明白自己的日常工作为何至关重要，正是水到渠成之事。

"我们需要为日常工作奠定坚实的基础。目标明确的员工和企业杀伐决断，能够坚持自己选择的事业，走向成功的彼岸。这就是毕马威认同我们目标的原因，也是我们竭力在组织中植入使命感的原因。"

我与尼古拉斯·巴内特和罗德尼·霍华德两人的多次讨论证明，他们深刻理解目标的本质及其价值。在撰写本书的过程中，他们试图向读者传递目标这一最重要的概念，并为目标增添内涵，赋予自己的理解。

倘若您和您的企业对目标真正感兴趣，不妨花时间研究一下本书，我向您郑重推荐。

澳大利亚毕马威会计师事务所董事长　彼得·纳什

写作缘起

撰写本书的目的是帮助企业成功转型，改善企业与员工、客户、股东及社区之间的关系。看到许多企业因运用这一方式而欣欣向荣，我们感到无比荣幸。希望本书能给您在工作中的讨论带来启示，让您了解目标可能为企业增添的价值。此外，希望您的企业能运用目标改变企业文化，为您和同事在日常工作之中带来更加有意义的体验。

本书的三个部分

本书第一部分讲述了一个虚构的企业故事，即芬瑟夫公司在目标指导下所经历的变革。故事的开篇从芬瑟夫遇到的问题讲起，该公司实力雄厚，有着光辉的过往和令人羡慕的市场地位，然而，该公司的成员却感觉公司里似乎缺少了什么东西，由此展开了探索和实现之旅。这暗示了人们在与有目标的企业合作时，通常会遇到的情况。

第二部分是一份目标指南，简述了企业在实现目标的过程中所经历的四个阶段。

第三部分为案例研究，9位首席执行官慷慨相助，分享了他们引领企业成为目标导向型企业的实战经验。他们提供了独一无二的一手资料，描绘了他们的企业愿景，讲述了他们经历的挑战，分享了目标给他们带来的益处，他们的故事揭示了目标的潜力。由衷感谢他们的供稿。

什么是目标?

目标是为了创造更加美好的世界而需要付出的努力，它代表的是高于自我的追求与无私奉献的精神。

对于个人而言，它就像养育孩子或营建美丽的花园一样具有个体生活的意义；同时它也具有像减少世界贫困人口或提高社会可持续发展水平一样的社会性。

目标可以帮助我们在日常工作中找寻意义，并为自己在社会中的地位赋予意义。

对企业而言，目标表达的是我们共同希望为客户、员工、股东、业界以及社区做出的贡献。它定义了企业存在的原因，让我们能够深刻地意识到日常工作的重大意义。

目标不是什么？

目标并非对企业所做之事的简单描述，它不会对企业开展的业务（如修路、制造零件、烤面包）做出解释。您的企业或许会开展一种或多种这类业务，但这并不能解释它为何如此。

目标也不仅仅意味着使股东的利益最大化，虽然这是许多企业所追求的目标，但是我们认为目标应是更具有价值的东西——为他人做出有意义的贡献，而不仅仅是为股东赚钱。

最后，您的目标不应只是印在光鲜的宣传册、花哨的海报、马克杯或是鼠标垫上的几行文字。如果这就是企业的努力成果，那它显然忽略了实现目标这一要点。

关于企业目标的例子

通常情况下，企业的目标宣言需要言简意赅且志存高远。下面列举了一些企业的目标。

企业名称	企业类型	企业目标
澳大利亚私人保险公司	健康保险	我们为您的健康代言

企业名称	企业类型	企业目标
澳大利亚国民银行	资讯科技及网络招聘	帮助人们实现目标，让生活更美好
文森特医疗	为无家可归者提供服务	为弱势群体创造机会和持久变革

目标的实现

对于企业而言，实现目标是一段充满挑战的旅程。它要求领导者具有坚如磐石的决心和坚持不懈的毅力，并对实现目标的潜力深信不疑，它不适合怯懦之人。

实现目标的回报不胜枚举：您所做的贡献将振奋人心，受益者会心存感激，企业将获得显著的商业利益。

祝您旅途愉快！

即刻开启一段美妙的旅程吧！

目　录

第一部分
一个故事：用目标重塑企业之旅

第一章 遗漏之物

问题出在哪里

"我们遗漏了一些东西。"简对吉姆说。

"什么意思？"吉姆问。

"我也说不清，"简回答道，"就是感觉缺少了什么东西——我们好像一直未曾注意到。"

这一对话发生在芬瑟夫公司核心领导层的例会上。该公司在金融服务领域处于领先地位。简是这家公司的首席执行官，负责主持周一早上的例会。众人围坐在会议桌旁，比以往更加焦虑不安。

简继续说道："我们手中掌握着所需的数据，而且一直在统筹规划并将计划付诸行动，但结果事与愿违——业绩数据不断下降。我们已经花了几个月的时间调整策略、提高能力，却始终不能如愿以偿。我想问问大家，我们的企业是否缺少了什么？"

会议室内众人一言不发，芬瑟夫的核心领导们异常安静，只能听见麦克拿着铅笔一遍遍轻敲笔记本的声音。

"简，你是知道我的想法的。"

吉姆的声音打破了沉默。他是公司的首席运营官，也是核心领导层中的元老。在前首席执行官彼得·哈默史密斯手下任职过的核心领导寥寥无几，吉姆这位具有代表性的元老级人物就是其中之一，因此他在公司内可谓德高望重。吉姆十分顾家，热衷于登山运动，是一名户外运动爱好者。在工作中，他行事果断、实事求是，总能游刃有余地完成业务目标。因此，多年来他一直在公司首席运营官的职位上大放异彩。

"问题不在于数据不足，我们也并不缺少什么。现在公司中，特别是业务部门中，仍留存着'协作'计划的气息。我们未能从实施这一计划中获得预期的利益，而且我们的证券投资组合给我们的客户'全球金融'公司带来了亏损，对总收入造成了严重的负面影响。"

吉姆十分重视"协作"计划。早在3年前，领导团队在彼得任首席执行官时，就提出了这一计划。筹谋该计划耗时9个月，而后又花了6个月才获得董事会的批准。两年前，在简出任首席执行官之前，该计划已开始实施。

"协作"计划曾被视为公司的救命稻草。但迄今为止，它并未起到实际的提效增收效果，导致公司内部人心惶惶，气氛紧张。吉姆这样的支持者仍期待它能提升公司的股价，但是支持该计划的人越来越少。

吉姆说："我们将在3周内收到财务顾问送来的报告，这将使我们更好地了解最近系统集成的进度，以及业务单元整合的下一步骤。我和苏、迈克下周将与我们各自的团队开会，商讨'协作'计划的最终实施方案，使营销、销售和分销保持一致。'协作'计划的最后一步是'客户合作项目'，我们希望实施这一项目后，销售额可以不断攀升。"

苏坐在吉姆对面，专心致志地听着吉姆的发言。作为新上任的市场总监，苏还在不断摸索同事的脾性。在外人眼中，苏聪颖过人，是一位出色的市场分析师，有一双发现机遇的慧眼。她一向公私分明，和她关系亲密的同事并不多，偶尔还有人觉得她太过冷漠、难以亲近。不过，真正了解她的人都知道，她是个温暖、体贴的人。

简来到芬瑟夫后，除了任命苏为市场总监，只委任了一位新的销售和分销主管——迈克。

迈克年轻气盛，甚至有些桀骜不驯，但他深深地吸引了简。二人一见面，简就喜欢上了迈克，并坚信他的加入将为公司核心领导团队注入新的活力。目前看来，简的判断是正确的，尽管一些领导仍然对迈克的能力半信半疑。

"我认为我们应该保持目前的策略，"吉姆继续说道，"并按计划在本财务年度末进行审查。等到我们在公司全面推行'协作'计划后，再评价它的优劣也不迟。"

"我们并没有缺少什么东西。我们只需要专心致志地高效工作。"吉姆总结道。

会议室里又是一片寂静。似乎过了很久，萨拉的声音打破了沉寂，这是会议开始以来她第一次发言。

作为人事与文化部主管，萨拉算得上是公司里最可靠、最值得信赖的人。所有员工都知道萨拉常常收到安德鲁斯和欧内斯特公司抛来的橄榄枝，它们渴望效仿芬瑟夫的奖励与表彰体系，而萨拉是该项目的主要策划人和发起人。

以萨拉为首的优秀团队业务范围广泛，且有效提高了员工的参与度，因此荣获了多项行业奖项。

萨拉的做事风格较为老派。她认为亲近员工、赢得人心有助于让员工尽心尽力地工作。她一直热心倡导职业生涯规划与发展，并提倡将职业辅导确定为公司的正式流程。萨拉已经在芬瑟夫公司工作多年，只要手中握有决策大权，她就不会跳槽。

"吉姆，我同意你的看法。我们的确要参考咨询顾问给出的反馈，继续当前的战略，完成计划评审。不过，我觉得有些部分尚不清楚。过去两年多的时间里，安德鲁斯和欧内斯特公司不断从我们手中夺取市场份额。正如你所说的，失去'全球金融'这个大客户就是个活生生的例子。"

"我们都清楚公司员工一如既往地勤奋能干，但是分明有什么因素阻碍了公司的发展。我认为，上一季度的工作评估结果显示员工积极性下降，这令人十分担忧。"

"4年来，我们的员工参与度首次跌至60%以下。尽管这个数字在业内算不上糟糕，但是在参与度不断下滑的情况下，我不免感到担忧。最让我担心的是销售一线员工的参与度下滑最严重，他们一直是最敬业的员工。"

"我不知道这一切意味着什么，所以我已经请公司发展部的尼克在公司召开焦点问题小组讨论会，看看能否有新发现。"

文斯在整个讨论过程中一言不发。他为芬瑟夫的效力年限几乎和吉姆、萨拉一样长，同事们都喜欢他、尊重他。一些不喜欢他的人认为他"深藏不露"，然而，他从基层一步步做起，如今负责公司最大的业务部门。

他说话慢条斯理、从容不迫而又铿锵有力，只要他在场就能引起注意。但是这一次，他和其他人一样选择保持沉默。

不过，迈克已经忍不住要发表见解了。作为销售与分销部门的主管，他相信自己清楚问题的根源。了解迈克的人都知道他非常自信，因而觉得他这样做不足为奇。他口齿伶俐、熟谙交际之道且热爱激烈讨论，因此在任何会议中都十分活跃。

"我们曾创下连续10年年均销售额增长率达到9%的辉煌历史，然而，5年前，我们的销售额第一次跌到了4.15亿美元。过去4年里，有3年的营业额与往年持平甚至出现负增长，反观安德鲁斯和欧内斯特公司，它们在市场上开始领先了。"

"我们的销售及分销网络之广令同行羡慕。公司的关系网十分广泛，堪称业界之最，但是在过去一年半里，销售转化率下跌了15%。这应该引起在座各位的警惕，一想到这件事，我常常夜不能寐。"

简聆听着别人的发言，默不作声，但她心里思绪万千。平时她很少会走神。通常情况下，她在工作中总能聚精会神，这是她多年自律的结果。然而，此刻她无法停止自己内心的忧虑。

简知道她的团队所讨论的内容都是有效的。他们充满激情、机敏聪慧、精通业务且心系公司，这也是她从踏进芬瑟夫公司的大门开始，就很享受在此工作的原因。

不过，她很清楚有些东西确实消失了。

无论在金融领域还是非金融领域，各项指标都在下降。唯一让人感到欣慰的是，希望加入公司的大学毕业生人数有所增加，但简明白这很大程度上是由于公司的品牌实力，这一品牌在市场上仍享有美誉。

她的团队实现了她所期望的一切。他们对自己的要求越来越严格，对员工的期望越来越高，并且采取了各种各样的新举措，试图扭转局面。

令人遗憾的是，新举措是当前战略的延伸和相同思维模式的叠加，而这一思维模式曾导致问题产生。

她必须找到问题的解决方法，只是她既不知道问题的根源，又不清楚在哪里寻找或者怎么找到它。

焦点问题小组能找到症结吗

"迈克，你说得对。销售转化率以及我们今天听到的其他数据下跌确实引起了我们的注意。"

"今天的讨论非常有益。在召开下周二的长期战略会议之前，我们还有许多事需要思考和反思。我们必须确保所有的工作文件都在周五晚上之前填写并分发完毕；和往常一样，请确保所有外部展示控制在15分钟之内。"

简是一位扭亏为盈的专家，她比大多数人都清楚，曾使公司大获成功的常规做法已无法帮助公司适应变化、继续前进。

"萨拉，你现在有空聊聊吗？"

"好的，简。"萨拉回答。

"很好，谢谢大家。"简说。

其他人很快离开了，只留下简和萨拉两人。

"我很欣赏你和尼克打算组建焦点问题小组的想法。你在其中担当什么角色？组员都有谁？"简问道。

"我们打算组员以中层及一线员工为主，在未来几周召开10次研讨会，在完成最近的工作评估之后，再将它定为常设项目。准备的问题都相当标准，我们有意识地将问题设计得面向未来、着眼于发展。我们正在所有业务部门包括后勤部门推行焦点问题小组讨论，因为我们希望大致了解整个业务领域。"萨拉回答。

简沉思片刻后，说："好的，是个好主意。记得千万不要增加员工的焦虑感，也不要让他们抱有无谓的期待。"

萨拉受到鼓舞，笑了笑，说："我们会万分谨慎，将焦点问题小组的会议设计成问询与探索讨论会。我们希望聆听员工的忧虑，了解是否存在我们应该了解却尚未了解的事情。过去我们也曾召开过讨论会，反响都比较积极。员工都希望领导能倾听自己的想法。"

"嗯，很好。还有，最近我觉得自己和公司事务有点脱节，从公司当前的运营步伐角度看，尤为如此。因此，我想作为旁听者加入焦点问题小组会议。你觉得我的出席会不会使员工感到压抑，无法畅所欲言？"

萨拉停顿了一下，说："嗯，您的出席将改变会议的氛围。不过，只要我们定位正确，明确挑选与会者，我相信一定能行之有效。这是前线领导的绝佳方式。我请尼克联系您的助理山姆，我们会在下周为您安排合适的时间。"

"好的，谢谢你，萨拉。现在我们俩单独在一起，我还有件事想请教你。开会时文斯一句话也没说。你比我更了解他，我知道他平时很安静，但很少会一言不发。你知道为什么吗？"

萨拉略思片刻，答道："文斯越安静，说明他越忧心忡忡。不过我确信，要是有什么想法，他会告诉您的。明早我要和他一起喝咖啡，如果有什么事，我会告诉您。"

简回到了自己的办公室，心里暗自考量着团队成员的能力。除了迈克和苏，其他同事都十分可靠、值得信赖。简两年前入职公司，现在她已经了解了萨拉、吉姆和文斯的性格。她格外尊重首席财务官约翰·罗维，因为他沉默寡言、严肃认真、办事高效。简的沉思无关员工的忠诚度、职业道德和能力高低。

她发现自己担心的是，她的团队有没有能力扭转市场份额和利润率持续下滑的局面，毕竟对他们而言，目前的局面并不常见。此外，如果诚实面对自己的内心，她对自己能否带领团队战胜当前挑战感到怀疑。

毋庸置疑，她能力超群，是一位扭亏为盈的专家，这正是起初芬瑟夫公司聘她掌管公司的原因。然而，她之前的成功都是在制造及物流行业的。虽然金融服务公司也需要她的许多技能，但这与她之前熟悉的领域截然不同。

芬瑟夫的董事们清楚任命简来领导公司有些冒险。他们想要的是与前任首席执行官截然相反的做事风格，因为他们认为，是时候对公司进行革新，让它与当代社会接轨了——正如董事长西蒙娜·巴斯基特所言。

简入职芬瑟夫公司后，公司对她委以重任、寄予厚望。值得称赞的是，除了董事会的发展议程，她基本上实现了所有的战略目标。

之后不久，简就主导了一项全面的策略及运营审查活动，其主要成果已经交付，包括重大的公司重组。这是简的专长之一，她曾经成功主导过许多类似的项目。将3个独立的业务部门合并为一个中央机构，就形成了如今以文斯为首的公司分部。

原有的垂直等级制度在很大程度上是公司扩展的结果，现在已从8层减至6层，裁减了约350名员工，其中主要是中高层管理人员。

最终，产品供应和市场策略都面目一新。为了适应市场的飞速变化，保持市场份额，公司引进了两条全新的生产线。此外，通过与许多全球保险公司建立战略伙伴关系，芬瑟夫的竞争力得到了显著提高。

如果说这些改变还不够，那么在过去3个月里，"更新项目"也开始获得动力。作为董事会发起的重要的品牌重塑项目，"更新项目"的数据收集工作已完成过半。一家国际知名营销机构也加入了新品牌的设计，有望提供崭新的品牌观感，并将其印在鼠标垫和咖啡杯上。

简对自己担任首席执行官时取得的成就感到无比自豪，她知道自己已超额完成任务，特别是在她的带领下，公司的变革速度快、质量高。

然而，她仍然感到无比担忧。简并不习惯于处理如此棘手的难题：一家市场领先的公司，在经历重大的结构调整和重新定位之后，销售额和盈利率下滑，正在逐步失去市场份额。

对此，她百思不得其解。

"客户+"平台怎么了

简回到自己的办公室时，山姆正在等她，手里端着一杯咖啡，说："刚才西蒙娜给您打电话了，让您给她回电。文斯也打电话说今天想见您一面。我帮你们约在了中午11点半，并通知营销团队如果一切顺利，您将在1点钟左右和他们共进午餐。"

简关上办公室的门，坐在椅子上，透过窗户望向远方，花了片刻时间思考该如何在电话里给西蒙娜一个交代。

西蒙娜因对金融行业的治理采取毫不妥协的态度而赢得口碑。在该行业中，犹豫不决的领导层会导致金融机构内部缺乏诚信。

她因决策果断、雷厉风行、不偏不倚而受到赞赏。

在简之前工作的企业，许多高管因这些行事作风而迅速离职。简很清楚自己的任期取决于西蒙娜担任董事会主席的时间。

她从一开始就明白这一点。

自从简入职芬瑟夫以来，她和西蒙娜一直维持着融洽的工作关系。她们彼此尊重，并看到了双方的互补优势，这让她们备受鼓舞。

最近简和西蒙娜的关系日趋紧张，对此简格外担忧。公司数据下滑问题突出，简明白对于负增长现象，西蒙娜很快会忍无可忍。她深吸了一口气，拨通了对方的电话。

"西蒙娜，我是简。"

"谢谢，简。谢谢你这么快给我回电话。我想和你谈谈下周的董事会议。"西蒙娜几乎是一口气说完的。

"我们必须确保对所有业务种类的规划有全面的了解。董事会越来越担心市场份额的下滑，而今天报纸上有关安德鲁斯和欧内斯特以及它们计划向采矿业扩张的文章，也无助于增强董事会的信心。"

长期以来，采矿和资源行业一直是芬瑟夫公司的最佳投资领域。年复一年，该公司在这一领域占据了全面主导地位，以致它的大多数竞争对手被迫选择其他领域。它们认为，哪怕试图在这个行业占有一席之地，都是徒劳。

现在，情况有了变化。

数月以来，一直有传言称，安德鲁斯和欧内斯特以针对性营销活动为支撑，将在资源领域进行大规模投资，从而把控该行业。当天早上的新闻报道最终证实了这个传言：安德鲁斯和欧内斯特对这个领域的角逐已经开始，它们正在努力赶超芬瑟夫。

"我知道，最初都是季度结束后才进行全面的金融评估，但是我们不能等那么久。下周我们需要一份最新的完整评估报告。"

"当然，西蒙娜。你说得很有道理。我本来打算告诉你最新消息的，我会让约翰马上着手去办。"简对这项要求并不感到惊讶。

"简，还有一件事。董事会认为我们可能在实施品牌重塑活动时选择了错误的时机。鉴于目前的情况，我们考虑请你重新审视更新项目，最好能将它暂缓6个月。当然，这都由你决定，但我希望你能考虑董事们的心情。我们可以下周再进一步讨论。"

"眼下你有什么需要我帮忙的吗？"西蒙娜问道。

谈话进行得非常顺利，简感到如释重负："西蒙娜，谢谢你提出问题，但是我们现在很专注，而且所有的系统都已准备就绪。如果你有其他需要，务必告诉我；如果没有，我可以确保在下周四之前将你需要的东西准备好。到那时，我们将完成中期战略审查，并向董事会报告当前的状况。"

"很好，谢谢，简。"西蒙娜挂断了电话。

简刚把听筒放下，电话就响了。电话那头的山姆说："文斯想要见您一面，正在门口等候。"

简一边给文斯开门，一边设想着接下来会发生什么。

"文斯，很高兴见到你。今天早上你在会上一言不发。"

文斯走了进来，一如既往地谦逊："是的，嗯，我没什么要补充的。该说的大家都说了。"

文斯站在咖啡桌的一侧："除了这个，我担心的是一些急事。今天早上我不想提起是因为那时还没有确切的消息。我刚刚得到确切的消息，必须要告诉你，所以我来了。"

"你能来找我，我很高兴。来，我们坐下来好好谈谈。"

文斯凝视着简的眼睛，语调平稳却充满担忧："布朗维奇没有和我们合作的打算。今天早上他们最终决定要和哈钦森签约。我们刚刚错过的可是一个管理着120亿美元资金的大客户。"

简努力掩饰自己的失望。她尽力保持沉着冷静，却觉得心乱如麻，双腿也在不住颤抖。

布朗维奇对于芬瑟夫公司来说意味着一次重大机遇。公司花了几个月时间来制订战略、统筹规划，努力争取关键利益相关者和决策制订者的青睐。芬瑟夫的大多数高管都在某种程度上为这个项目做出了贡献，这体现出了这个潜在客户的规模和重要性。

"具体是什么情况呢？"简问道。

文斯将身体微微前倾："据我所知，哈钦森已经准备好承受重创，并将它作为亏本促销商品。他们为5年的协议延长了35%的折扣，并保证100%的投资组合。"

简吓了一跳。

"投标团队无比失望。他们仍然相信，如果我们现在全面实施'客户+'项目，即使没有这么大的折扣，也能为我们赢得这笔交易。"文斯像往常一样汇报了员工们的反应。

"客户+"是该公司的客户界面平台。在彼得·哈默史密斯的领导下，它运营得很好，但是尽管投入了大量的时间和金钱，这个已经使用了15年的客户界面平台已完全过时。聪明能干如简，也无法扭转乾坤。

另一方面，哈钦森使用了当下最快捷的平台，文斯知道这是布朗维奇最终选择哈钦森的决定性因素之一。他叹了口气："你知道，生活中有些事似乎是不受控制的，而'客户+'平台似乎就是其中之一。假如彼得选择的是品牌明星而不是'客户+'，我们现在可能在开庆功宴，而不是在唉声叹气。"

"好啦，多说无益。我们得尽快召集投标团队，开一次'经验总结会'，做项目汇报。"

"哦，文斯，在你回去的路上，请你让约翰在周末之前给我一份完整的财务报表好吗？我知道这一转变很急促，但是现在一切都在进行之中，而且下周就要召开董事会，我必须对一切了如指掌。"

"当然，简。如果你还需要什么，请告诉我。我会立刻让其他高管知道布朗维奇的决定。很抱歉，我们最终没能和布朗维奇达成合作。但我可以保证，我们已为此付出了极大努力。"文斯站了起来。

"我明白，文斯。你不用失望，请代表我向投标团队说一声'做得好'。他们为此付出了很多努力。"简站起来，微笑着目送文斯离开。

办公室里又只有她一人了。这么多年来，简第一次开始质疑自己。她心知肚明，辛苦打拼这么久得来的一切似乎都不是稳稳当当的。她辛辛苦苦奠定的基石似乎不再稳固。她开始感到有些动摇，这可不像那个在职场上游刃有余、意气风发的简·西蒙德森。

最使她苦恼的是这根本不合逻辑。过去一年里，她在芬瑟夫一直专注于调整公司规模，适应现代化潮流，以智慧战胜竞争对手。

她以前用过无数次的有效策略，在芬瑟夫却行不通。

一定还有其他原因。她一次又一次地问自己："我到底遗漏了什么呢？"

简来到芬瑟夫之后，甚至对公司的愿景和价值观都进行了修改。一位新的首席执行官加入董事会，对公司进行改革和强化是很有意义的。一般的做法是愿景略有改变，但核心价值观仍保持不变。毕竟，如果一家公司几十年来一直强大，拥有忠诚的员工和坚实的客户基础，那么它的一些价值观必定是行之有效的，不是吗？

那么，还需要什么呢？

简打电话给山姆，又要了一杯咖啡和一些饼干。这注定是一个漫长的下午。

开创性建议提出前需先继续努力工作

"听着，我知道我接下来说的话可能令人不悦，"史蒂夫说，"但是如果我们扪心自问，我们的确在预期收益和周转频率方面向布朗维奇传达了含混不清的信息。几周前我和他们的市场主管见面时，对方似乎对我们的内部能力感到相当困惑。通常情况下，我们是绝对正确的，但这次我们犯了点小错误。我们传达的信息有些不一致，他们察觉到了这一点。"

这次经验总结会是在有关布朗维奇的消息传出后两天举行的。自从10多年前彼得·哈默史密斯给芬瑟夫的员工灌输了持续学习的价值观之后，这种反思活动就成了自发性活动。

这次会议共有14人出席，文斯、吉姆、约翰、苏和迈克位列其中。会议开始20分钟后，简突然加入了讨论。她很少参加这样的会议，但她已下定决心要掌握行业状况。她在以自己的方式找到不清楚的部分，了解员工的情绪。

"感谢你分享自己的观点，史蒂夫。这正是我们讨论的目的，我们越是畅所欲言，从这些讨论中得到的价值就越大。"

文斯想让资历较浅的团队成员史蒂夫和其他人知道公司对他们的期望是什么。"有件事让我很苦恼，那就是我们的材料似乎有些单调。"文斯继续说道，"布朗维奇团队在审核会上向我们展示了哈钦森介绍材料的部分内容，不得不说，他们的材料令人印象深刻。"

"听到这个消息真令人失望，文斯。我想多了解一些。"苏是布朗维奇提案的营销项目负责人，工作包括准备所有外部交流和演示材料，"对于史蒂夫和文斯的观点，其他人怎么想？"

之后，斯坦说话了："我回顾了一下为沙利文公司所做的营销宣传，那是我们做得最好的一次。我们那时目标清晰明确、专心致志，辅助材料也准备得很充分。那是一年半之前的事了，我认为之后我们做得都没有那次好。"

斯坦领导着芬瑟夫的矿业和资源产业部门。他说："我们一直竭尽全力，与布朗维奇的合作是优秀的团队合作，却在一些我们平常能做好的事情上栽了跟头。"

他停顿了一下，想了一会儿："恕我直言，我觉得我们已失去了一些优势。我知道这听起来不太务实，但我们似乎迷了路。公司经历了大大小小的变革，我们已经习惯了。也许品牌重塑的过程可以让公司重新焕发活力，或者我们只需要调整'客户+'，让它跟上时代，但我仍然觉得有些地方不对劲。"

房间里鸦雀无声。

过了一会儿，简打破了沉默："谢谢你，斯坦。我欣赏你的直率。其他人的想法和斯坦一致吗？"

有几个人点了点头。最终，公司客户团队负责人桑德拉开口了。

"是的，我想你是对的，斯坦。长久以来，我们一直占据主导地位，以至于我们认为这是理所当然的。去年我们被安德鲁斯和欧内斯特公司打败了，这本该激励我们，但我认为，结果恰恰相反。我们似乎丧失了一些信心，变得胆怯懦弱。通常情况下，我们能快速完成布朗维奇的展示，但这次我们有些动摇，出现了一些疏漏和分歧。"

"我还记得3周前和他们IT团队的会议，当时他们因为我们持续延迟启动'客户+'而心生不满。过去，我们可以用出色的服务和分销能力加以补偿，但是现在，我感到难以启齿。我们不似以前那般硬气了。"

"我不是在指责'客户+'计划，詹姆斯。"桑德拉说，"这似乎表明了我们现在所处的境地。'客户+'不是缘由，而是一种征兆。对我而言，这是对正在发生的事情的隐喻。更重要的问题是，我们该如何做才能重现昔日辉煌，再次成为行业领军者？"

此时吉姆分享了他的观点，重申了他几天前在高管小组会议上所说的许多话。听到他要表述的核心信息，没人感到意外：坚持一直在做的事情，最终一定能够力挽狂澜。

"恕我直言，吉姆，我无法认同。"斯坦说。尽管斯坦不是高级领导团队的成员，但是他和其他人都乐于挑战吉姆的观点，这体现着公司的核心价值观之一——开放。

"我认为我们必须立刻采取有创造性的举措。就好像我们应停止过去几个月的工作，重新开始。我们需要以某种方式改变动力，让所有人步伐一致，调整至最佳状态，投入工作。"

"我相信你是对的，"简说，"有人知道应该从哪里入手吗？"

房间里沉默了几分钟。

"嗯，我们可以将员工聚餐的时间提前几个月，并在未来三到四周内举行。"史蒂夫提议道。

"还有其他想法吗？"简问道。

房间里又静了下来。

简再次开口说："我很感谢大家能畅所欲言。我最近也在思考同样的事情，不过我无法确切说出我们需要做出什么改变。"

"我同意斯坦的观点。我也感觉到我们逐渐失去了竞争优势。这不是在指责任何人，公司给我的感觉和我刚来公司时不一样。以前，我们对自己征服市场的方式信心满满、干劲十足，但现在已大不相同。过去两年里，我们完成了许多重要工作，布朗维奇就是其中一例，尽管我们未能成功和它合作。"

"但是，我们现在需要集中精力，继续努力，完成经验总结会。如果谁能想出对我们有帮助的创造性意见，请来找我谈一谈。"

知道"为什么做"很重要

"大家早上好！"简说，她面带微笑地拉过一把椅子，坐在拥挤的会议室一角。会议室里坐满了芬瑟夫的一线员工。

"嗨，简！谢谢你加入我们。"萨拉团队的尼克欢迎道。

"我们刚才讨论说，公司最近几个月似乎被忙碌感淹没了。卡罗琳，你能把几分钟之前告诉我们的故事分享给简吗？"

卡罗琳管理客服团队，负责处理客户来电，将其分类，再报备给上一级联系人。她已经在芬瑟夫工作了十多年。

"当然可以，尼克。"卡罗琳说。她顿了顿，稍做思索后说："我刚才告诉大家，我刚进公司的时候，我们会定期和总经理一起开会，我们团队的每个员工都能参与其中。我们过去每月都有一次信息宣讲会，常常会提到一些行业动态或培训重点。有时，核心领导会来回答我们的问题，和我们共同讨论。"

"对我们来说，这是了解行业动态的好机会。我知道现在每个人都很忙，但我们很久没有开过这样的会议了，而这类会议对员工来说很有意义。我不是说必须恢复旧模式，但这对前线员工来说是有好处的，他们可以参加信息宣讲会，并感到参与其中。"

这些话激发了简的好奇心："谢谢，卡罗琳。除了你会收到信息，你认为这些会议还提供了什么额外的价值？"

卡罗琳毫不犹豫地回答："我们能聚在一起听取高层管理人员的意见是件好事，毕竟我们很少见到他们。但是，我们不只是聆听信息。我们既能了解他们，又能进行有效的行业讨论……嗯，我认为，结果是我们觉得自己与业务间的联系更紧密了。"

更紧密的联系！

这话使简感到震惊。她渴望参加经验总结会和焦点小组讨论，正是因为她想与企业建立更紧密的联系。

她从没想过，公司的其他人也会觉得与公司事务联系不够紧密。他们可是直接参与者。

"这是否意味着，你现在与公司的联系不像过去那么紧密了？"简问道。

"在某种程度上，是的，我想是这样的。我们似乎更了解过去的情况。"

"其他人对于卡罗琳说的话有什么看法？"

"我的想法是一样的。"斯蒂芬妮说，"我进公司只有3年，但是我感觉刚进公司那会儿，公司的气氛很轻松，对于实现我们的目标，每个人都积极乐观。"

斯蒂芬妮是卡罗琳团队的领导之一。她在客服部深受同事的喜爱和尊重，因为她有崇高的职业道德和勇担重任的胆识。

"如今人人都忙着做很多事情，改革议程似乎没完没了。我们知道自己在做什么，但我感觉，我们并不知道自己为什么要这么做。我不是想打击士气，但有时候我们似乎只是为了做而做，却未驻足思考这样做的意义。"

简已经不再听了。有一个词在她的脑海里不断回响，声音越来越大："为什么？"

斯蒂芬妮是她手下最优秀、最聪明、最有活力的年轻领导者之一，此刻她却说不知道所做之事为了什么。斯蒂芬妮知道要做什么，但不明白为什么。

此刻，简感觉豁然开朗，头脑中仿佛点亮了一盏灯，她的困惑烟消云散。她知道自己还未找到答案，但她第一次笃定自己找到了问题的根源。

问题的症结并非缺乏企业愿景、董事会的指导，战略清晰度不高，也不是生意做得不够好，或者没有足够的项目。目前的问题并不是源于"协同"计划或"客户+"平台，也不是源于安德鲁斯和欧内斯特最近的业绩增长。而且，这似乎并不是因为高管们未尽职尽责。

问题的根源在完全不同的领域，那是简从未想过的一个领域。

这仅仅是因为没人知道，或者没有人说清楚，他们为什么要做这些事情。

很明显，这至关重要。

简发现自己正望着一屋子面面相觑的人。她刚刚好像走神了。

现在她已将心思拉回来，房间里一片寂静，大家都在期待地望着她。

简微微一笑，眼中闪烁着不一样的光芒。

"谢谢大家。我想我知道我们现在需要做什么了。"

在众人惊讶的目光中，简站起身，离开了房间。

第二章 使命感的回归

理解"这么做"意味着什么

6个小时后，核心领导团队围坐在会议桌旁。之前简的助理山姆给每位成员打了电话，通知他们下午五点半到会议室。会议议程尚未明确。

文斯和房间里的其他人一样，考虑那天上午的经验总结会，认为会议的重点应当是布朗维奇。他大错特错了。

"我们为什么要这么做？"

房间里的人目瞪口呆地望着简。

"说真的，这个问题很重要。为什么我们要这么做？"

"我不太确定我是否能理解这个问题。"文斯说。

"问题就是这样。我们为什么要这么做？芬瑟夫为什么要这么做？"

房间再次陷入一片死寂。

"好吧，很明显，我们的工作是满足董事的期望，为股东带来回报。"文斯说。"我们要实现利润目标，而且……"

"很抱歉打断你，但我想问的不是这个。我们的目标和利润预测只是待实现的目标。我问的是与此不同的事。我想知道我们为什么这么做。"

简站起来，在白板上写下了大大的粗体字：为什么。

"今天早上的经验总结会结束后，我立刻去参加了尼克的焦点小组会议。一群直言不讳的团队领导者谈到他们感觉自己与公司业务脱节。内部团队的斯蒂芬妮说，她知道他们需要做什么，但并没有真正理解他们为什么要这么做。"

"我们知道公司现在运营状况不佳。在座各位都竭尽全力试图扭转这一局面，但是我们每个月都眼看着关键指标朝着错误方向发展。几个月来，我不断扪心自问：我们到底遗漏了什么？现在，我找到了。作为一家企业的核心成员，我们不清楚为什么要做这些事。"

"我不确定我是否明白你的意思，简。"吉姆迷惑不解地说。

简知道自己得慢慢来，让核心领导们参与进来。她需要他们全身心投入其中，成为她将要提议内容的拥护者。她挺直身体，面朝他们，放慢了说话速度。

"我的理解是这样的。我们把绝大多数时间花在了可以衡量的事情上，譬如目标、利润结果和财务指标。它们都是有形的事情，是着眼于未来、有时间限制的目标，其中许多都与企业的财务健康状况有关。"

"但也有我们工作的无形领域：文化环境、价值观以及确保芬瑟夫是一个很好的工作场所的其他东西，团队发展以及职业指导，我们在优秀的团队中所做的杰出工作，以及我们的奖励与表彰体系。所有这些旨在确保员工在这里工作感觉良好，使他们能够全身心地投入到工作之中，并充满热情和动力。这会让员工更投入、更愉快，还能增加他们的忠诚度，增强他们的主动性，为企业带来更高的生产率。"

"然而，还有一些我们尚未关注的事情，这对于我们所有人而言都是至关重要的，那就是我们需要清楚为什么要这么做。我认为这是我们所缺少的。"

简停顿了一会儿，给核心领导们时间来理解她首次提出的见解。

"我们知道该做什么，我们清楚目标是什么，我们甚至知道怎么做，但我们从未想过为什么要这么做。当然，简单来说，我们服务客户是为了帮助他们实现财务目标，创造财富。然而，'为什么'这个问题引出的是比这更基本的事情。"

"我能阐明这一点的最佳方式是：我认为，芬瑟夫需要明确企业的宗旨。"

简顿了顿，她在说话时依次与每个人进行了眼神交流："公司存在的根本原因是什么？我们如何用行动证明这一点呢？我们如何将它传达给员工？我们需要明确并能够传达我们存在的意义。简而言之，我们需要知道我们存在的理由是什么。"

核心领导们一言不发地坐着。沉默了一会儿，简喝了一口水，继续说下去。

"我们每个人都需要清楚我们的努力是有意义的，它以某种方式给一些人带来好处。我们在为整个社会的进步添砖加瓦、奉献绵薄之力。我们需要明白自己的工作是为了让世界更美好，即使这种工作很简单，就像在工厂里用胶带捆扎盒子。当孩子在生日那天打开盒子，看到一双新跑鞋时，他们的脸上会浮现出笑容。我们知道自己以微不足道的方式，为这个笑容出了一份力。"

"这就是我们所缺少的。为我们的员工提供集体意义的方式，帮助我们回答这个问题：我们为什么要做自己所做的事情？"

"这就是今天早上斯坦所说的我们的优势。"简继续说。

"这是无形的。但我们都知道有些事情是不太正确的，仿佛有些东西缺失了。这是几周以来我一直在问自己的问题，现在我知道我们需要做什么了。无论如何，我们需要满足员工的需求，他们必须清楚自己为何这么做。我们需要弄清楚我们在芬瑟夫的共同目标是什么。"

"我们缺少的正是原因。"

核心领导中没有人预料到会讨论这个问题。他们从未遇到过这种情况，感到很不确定，就像身处一个陌生的领域，不愿意冒险、出洋相。事实上，对有些人来说，甚至难以理解所谓原因与扭转公司颓势之间的关联。

最终，吉姆说出了许多人的想法。

"我真的不明白这对大家究竟有多重要。我们仅仅是来上班，做好我们的工作，这对我们每个人来说就已足够。"简早就料到吉姆会这样说，已经做好了准备。

"吉姆，我想问你一个问题。长期以来，你一直是芬瑟夫的忠诚员工。是什么让你年复一年地坚持在这儿工作？"

"那我还能去哪儿呢，简？"吉姆笑着说，其他人跟着笑了，笑声缓和了房间里的紧张气氛，"这儿就像我的家。我爱这家公司。"

"我知道，吉姆，我们对此都很欣赏。但你为什么会来这儿工作呢？"

吉姆思考片刻："嗯，因为我想为公司尽一份力。老实说，现在公司的重心主要在关注人们的想法上。我的意思是，我喜欢我的角色，但我真正从中得到的乐趣是看着孩子们追求自己的目标，在公司里步步高升。我为大家帮助客户的方式感到自豪。我们以一种我认为非常特别的方式为他们增加价值。我们不只是一家银行，或是他们资金的保险库，实际上，我们和客户建立了长期合作关系，并指导他们做出一些人生中最重要的决定。这就是我一直热爱公司的原因——它是有人情味的。我们的所作所为对别人而言意义重大。"

简笑了："那为什么这些对你如此重要呢？"

吉姆耸了耸肩："我不知道。我不确定我是否想过这个问题。但我知道，当我们帮助客户完成一笔大交易时，对他们来说很有意义。他们将十分感激。"

"那你感觉如何呢？"

"很棒。"

"你会怎样评价我们为客户做出的贡献？"

"嗯，我认为我们为客户做出的贡献是巨大的。我的意思是，这正是我为公司感到骄傲的原因。就像当年我们帮助沃尔特·杰米森在史密斯赢得美国富国银行的合同，如果他们投标失败，很可能已经破产，并且半年之内可能将有2000多人失业。沃尔特深知，没有我们的帮助，他不可能赢得那次投标，因此当他们赢了的时候，他非常感激。"

"文斯肯定还记得那天的晚宴。沃尔特对我们赞不绝口。"

"在那些日子里，我心里异常踏实，因为我们完成了特别的事情。我们为客户提供了帮助，这并不局限于简单

的开设新账户或完成董事会文件，还真真切切地对他们的
人生产生了影响，对他们的事业有所助益。这很特别。"

"这一切对你而言意味着什么，吉姆？"简安静地问。

核心领导们正聚精会神地听吉姆发言。他们很久没有
听到他这样说话了。

吉姆停顿片刻："嗯，你知道，这意味着我们已经做
出了改变，不仅因为我们帮助客户赢得了投标，为芬瑟夫
赚取了利润，而且我们改变了他们的人生。我们对沃尔特及
他的团队产生了积极影响。这就是这个项目的意义所在。"

"所以，如果让我来总结你的观点，"简若有所思地
说，"对你而言，最重要的是感到自己为提高他人的生活
质量做出了贡献，并带来了真正的改变。正如你所说，这
超越了金钱或财务目标层面，最重要的是做出了贡献。"

简顿了顿："这就是我一直强调的观点，吉姆。对员
工来说，这是一种贡献，我们所做的实际上在某种程度上
产生了影响。赚钱或完成一个项目，这对我们来说远远不
够，我们还有一种使命感。我们需要知道原因。这就是斯
蒂芬妮和其他人在今天的焦点小组会议上明确谈到的。"

"我希望所有为芬瑟夫工作的人都能阐明自己为什么

要做所从事的事情。我希望所有人都知道，我们为行业、社区甚至整个世界所做的贡献，以及是什么在企业层面上决定了我们的集体意义。"

核心领导们又停了一下，仔细琢磨着简的话。

"简，我不想扫大家的兴，可我还是不明白。我的意思是，我理解这些话，我们都需要感受到我们的努力会带来改变，但这和公司有什么关系呢？我很清楚为什么要来这里工作，以及工作对我而言意味着什么。虽然我没有像你说的那样思考过这件事，简，但我知道对我来说什么是重要的。但为什么我们要为公司这么做呢？当然，每个人都知道工作对他们意味着什么，这就足够了，不是吗？"

房间里再次陷入沉默。简停了下来，眺望窗外，过了一会儿开始说话。

遇到困难一定是缺了什么

"我上中学的时候，有一位很棒的老师——弗莱彻小姐。她是我们八年级的地理老师。她留着一头长发，总是梳着整洁的马尾辫。我记得她开的是一辆大众汽车，我们都很羡慕她。"

简说话时，仿佛在回忆往昔，分享一些对她而言非常私密和重要的事情。

"有一年年初，她对我们说，我们可以选择把那一年打造成平凡或精彩的一年。她没有告诉我们细节，只是解释说，如果我们想要打造成精彩的一年，我们得付出长期努力。唯有如此，我们方能在年终时说，这是十分精彩的一年。"

"从来没有老师向我们提过这样的建议，我记得我们都坐在那里回味着她说的话。我最好的朋友第一个举手说她想选择把那年打造成精彩的一年，接着，我也举手了，短短几秒钟时间内，我们都举手了。我们选择更长久、更努力地工作，去赢得精彩的结果。我们甚至没有想过具体细节。"

"未来几周，弗莱彻小姐讲授了发达国家和发展中国家之间的区别，尤其是撒哈拉以南的非洲地区长期存在着贫困和营养不良的状况。她带我们参观了一家全球慈善机构的办公室，我们了解到他们的一个重大工程是改善用水卫生。"

"弗莱彻老师带我们回到学校后，向我们介绍了一个大项目：我们班打算在今年余下的时间里筹集3000美元，用来为非洲的村庄凿一口新水井。在当时，这可是一大笔钱！"简说着，核心领导们哄堂大笑。

"我们也确实这么做了，只不过我们的活动大多是在放学后完成的，因为我们仍然要完成常规课程。"

"那一年我们做了许多了不起的事情：我们常常在星期五晚上去同学家里做蛋糕，在周末卖给朋友和家人；我们捐赠了玩具和书籍，还在市场摆小摊；我们在超市门口卖艺，发出了可怕的噪音，但是，我们确实筹到了一些钱！"

"我们坚持到第三学期末，一共筹集了1800美元，这对我们这群孩子来说是笔不小的数目，但还不足以支付凿水井的费用。"

"我们决定举行一次学校博览会，为筹集所需资金做最后一搏。放学后我们大多都在努力工作，周末经常去别人家。我们的父母和大多数老师都给予了帮助，最终我们举办了博览会，摆了摊位，提供了游乐设施和食物。那天结束时，我们一共筹集了2000多美元。我们不仅有足够的钱去支付凿水井的费用，还把剩下的钱捐给了慈善机构。"

"那年年底我们举办了盛大的典礼，全校师生都参加了。慈善机构的主席来到我们学校，当捐赠那张大额支票时，我们站在舞台上。那天晚上我们都感到无比自豪！"

"回首学生时代，这段经历是我心目中最难以忘怀的。我知道它为何如此令我印象深刻：在我们心中，我们一直都知道自己在帮助非洲人民。我们与接受帮助的人们素未谋面，也知道可能永远不会见面。但我们的信念是如此坚定不移，这些行为意义重大，我们愿意为最终的成功竭尽全力。"

"激励我们的不是这个项目本身，也不是筹集资金——尽管这是一个明确的目标——而是知道我们一起做的事可以改变他人的生活，这对我们而言意义非凡，现在依然如此。"

房间里一片寂静。简低下头，吸了一口气："这就是我近几周以来一直在思考的问题。我不断地问自己，到底缺少了什么。我们在调整方向、策略、管理方式和提高运营效益方面花了不少心思，但我们仍旧没有夺回优势。"

"我认为，我们缺少的是赋予我们意义的共同使命感。它可以帮助我们了解我们在做什么，以及我们为什么要这么做；同样重要的是，它让我们明白我们为什么要一起做这件事。"

简停了一会儿。

"听着，我可能完全错了。也许正如吉姆所说，我们只需要继续做一直以来所做的事情，局面就会好转。也许原因之类的话是无稽之谈，我们只需要继续开展日常工作，但我无论如何都无法把它当作答案。我认为今天早上斯蒂芬妮的话代表了我们大多数人的心声，我和她有同感。"

房间里又安静下来。

"简，我从未体验过你刚才描述的集体目标。"苏说，"如果我们能在公司里激发这种活力和动力，我很有兴趣去探索它。我的意思是，我尚未从逻辑上理解它，但直觉告诉我这行得通。"

萨拉跟着说："苏，我同意你的看法，这是说得通的。过去几年有多项研究表明，企业目标与生产率紧密相关。我确信，员工留任、主动性和财务业绩之间也存在关联，这不无道理，因为它们联系紧密。"

"有意思。"迈克说，"萨拉，你能把那些材料发给我们吗？"

"当然可以，迈克。我立刻去做。"

"我想休息5分钟，然后听听你们的意见。我想知道你们对于在芬瑟夫找到并激发集体使命感有何看法。"

核心领导们纷纷起身出去休息时，文斯悄悄走到简的身边。

"简，感谢你分享这个故事。你知道，你向我们展示自己真实的一面越多，我们每次回馈给你的就越多。"

"我知道，文斯，谢谢你。我和所有人一样，也在不断学习。"

企业的使命宣言要有实际意义

"我以前的公司有一份使命宣言。"短暂休息之后，大家返回会议室。迈克迫不及待地开始发言。

"那条宣言被钉在大楼四周的墙上。它描述的是伟大的事件和崇高的愿景，却毫无意义。那只是一群压根儿不了解我们的人堆砌出来的毫无意义的话语。事实上，我认为它带来了负面影响，因为我们都认为那不过是一堆垃圾。"

"简，我很欣赏你的故事，我也很想拜读萨拉的研究报告，但我对企业中任何有关使命和目标的声明都相当怀疑。"

"我很高兴你提出了这一点。这正是问题之所在，迈克。很多时候，当像芬瑟夫一样的公司这样做时，大都只是将宣言印在纸上然后挂在墙上而已。我们必须找到一种方法，不再让它沦为印在鼠标垫上的一堆空话，或光滑的海报上的花哨文字。"

"我希望找到一种方法，通过众做周知的使命感来激励员工，将它融入芬瑟夫的方方面面。我想让它成为鲜活的体验。"

"那么你需要让所有人都参与进来。"这个声音来自文斯。他的声音审慎、平静、坚定有力。只有当他乐意提出建设性意见时，他才会开口说话。

"我认为，对任何事情，每个人都应该有发言权。只有这样，他们才会买账。"

"每个人？那可是将近4000人！"显然，吉姆没有料到要让所有人参与其中。

"为什么我们不能自己解决这个问题呢？我的团队可

以起草一份文件发送出去，萨拉的团队可以主导一些培训项目，让所有人都参与进来。"苏是按照传统思路思考的。

"我认为我们不能像以前那样思考这个问题，苏。我们不能简单地把它交给别人，这一过程的每一步都必须在我们的主导下进行。"简说。

"你是说在整个公司里进行？"萨拉问。

"没错，我说的是在全公司范围内进行。我希望每个人都参与进来。我想听听他们的意见。我希望他们都能参与进来，让他们有参与感。我想让他们知道，他们的声音被听到了。"

"这必须是我们集体经验的体现——不只是我的和你们的，而是公司里每个人的。芬瑟夫存在的意义是什么？这必须让所有人参与进来，包括董事会。"

"这件事的优先顺位是什么，简？"吉姆问。

"现在，我认为这是我们的首要任务。这并不意味着我们要搁置其他事情，但我们需要优先考虑这件事，这样我们才有实现这一目标的紧迫感和动力。在座的诸位不仅需要给予支持，还要成为提倡者和拥护者。"简的语速慢了下来。

"我相信这对我们的业务至关重要。我还相信，它有能力以一种我不确定咱们能否完全理解的方式改变我们的企业。这并非一个普通项目，我们不能占有它，也无法控制它。我不知道最终的结果会是什么，我也不想进行预测。"

"这注定是一场探索之旅。旅程的终点将是充满希望的，能够激励和鼓舞我们。"

"只有大家齐心协力，我们才能成功。一旦我们开始，就没有回头路了。给人希望，最终无法兑现，这是不可以的。"

"我不能保证这样做会增加我所期待的价值。但我完全相信，这正是我们目前所需要的。"

"我支持你。"萨拉说。

"还有我。"苏说。

"我不知道我们要怎样做，"文斯说，"但我喜欢这个主意，尤其是让所有人都参与其中。我们从未经历过这样的事。即使在我们修改愿景和价值观时，我们也没有真正问过大家的意见。虽然他们参加过一些会议，但是这些会议大部分是自上而下的，普通员工没能参与探索过程。"

"我对这件事充满热情。我想知道我们到底要怎么做，因为我目前还不太明白。"

"我也不太确定，文斯。"简说，"不过，就像我们在芬瑟夫所做的其他事情一样，我们会有始有终、勤勤恳恳地去做。我希望萨拉的团队做些准备，研究我们如何才能最好地进行这个过程，并尽快向我们汇报。我们要等到筹划完成，并且每个人都坚信这个方法是统筹全局、经过深思熟虑的，才会着手去做。"

迈克轻轻咳嗽了一下："关于我之前所说的——我只是想确保我们所做的一切都有实质内容，并且对我们的业务有推动作用。大体上来看，它是振奋人心的，所以我准备支持它，我相信我们可以做得比我之前所在的公司更好。"

简笑了："我可以向你保证，迈克，我要做的不是主导一个流水项目。我相信找到我们的目标对芬瑟夫的生产率和绩效提升大有裨益，只有这样我才会推动它。"

信息技术部的主管詹姆斯说："你召开这次会议的时候，我没有预料到会是这样，说实话，比我想象的更有意思——甚至引人入胜。我很乐意帮助你搜集任何你需要的信息，我会全力支持你。"

众人的目光落在吉姆身上，他因这样意外的关注眨了眨眼。

"听着，我认为这对我个人并不重要。我的意思是，正如我之前所说的，我只是来工作，我大概清楚自己这么做的原因。我从来没有想过，人们需要以集体形式参与使命感的培养。说实话，我还不确定我能否完全理解它。"

"但我愿意为公司做任何事情，所以，如果比我聪明的人认为这至关重要，那我立刻加入。不过得有人指导我怎么做，因为我不知道要怎么着手。"

简松了一口气，她很高兴能得到吉姆的支持："我也不知道，吉姆，但我相信我们能一起解决问题。感谢你们的参与，感谢你们对这个过程的承诺。我希望我们能在某一刻说：'多么美妙的经历啊！'"

"好的，弗莱彻老师！"文斯开玩笑说。大家都笑了。

"我想今晚就开始做这件事。我已经让山姆订了晚餐，如果大家都有空的话，我想马上开始。"

围坐在桌旁的众人一致点头。

"太好了！谢谢大家。我们先休息半小时，然后开始工作吧。"

第三章 充满包容性的经历

通过回顾企业发展历史构建企业目的

"我想给大家概述我们公司辉煌的历史，其中大部分内容我都没听过，我想大家也是一样。"詹姆斯开始说。

这是最近成立的团队宗旨小组的第4次会议，由文斯主持。简是"目标之旅"项目的执行发起人，但她希望另一个核心层的成员负责监督日常组织工作和流程进展。作为信息技术部门的负责人和团队成员，詹姆斯负责宣传和普及公司的历史，这是实现"目标之旅"的关键一步。

"上周我见了肖恩·詹宁斯，他是芬瑟夫创始人的曾孙。离开时，我为公司感到非常自豪，我希望在接下来的10分钟里，能向诸位分享其中的内容，讲述这个故事。故事始于80多年前……"詹姆斯继续说道。

詹姆斯的演讲结束后，会议室里有一阵明显的嗡嗡声。接下来的几天，一系列被称为"探索阶段"的工作数据得到了更新。

数据收集主要有两种形式：线上和线下。公司创建了专门的网站，允许芬瑟夫的所有员工在上面填写调查问卷并发表评论，每条评论100字封顶。该网站无须登录，因为允许员工匿名。这一途径既能让全体员工参与其中，又能节省开支，体现组织的包容性。

公司决定让10%的员工参加研讨会，并通过谈话和头脑风暴收集数据。这旨在让公司各部门、各层级的员工参与其中，从而汇总每个人的观点和见解。此时，其中4个项目已经完成，并得到了参与者的积极反馈。

公司为董事会安排了一场单独的研讨会，预计在下周举行。

在设计能够得出有用信息的问题时，大家提出了许多想法。他们很早就意识到，询问参与者"我们的目标是什么"很可能会让人感到困惑，那样即便得到了答案也没有太大意义。

大家的反应令人惊讶。在大部分的反馈中，都出现了高度一致的主题及关键词句。即使在该过程的早期，反响之间的高度一致性也是显而易见的，这吸引了那些负责监督团队宗旨的人。

"接下来的安排如下，"文斯在会议快结束时说，"我们计划在未来4周再举办6场研讨会，专门网站将在1个月内关闭，标志着数据收集阶段的结束。我们还将向所有参与者发送催促函。"

"不久之后，我们将把数据整理、汇总和提炼为核心主题、主导句和关键词。我们将在两个月后的最终研讨会上公布这些词句，到时所有人都要参加。"

"在此期间，我们要铆足精神、一鼓作气。此外，大家不要忘了，虽然这个项目振奋人心，但我们仍然有日常工作要做！"

这句话带着典型的文斯式冷幽默，熟悉他的人离开房间时都轻声地笑了。

提炼、整合目标宣言

团队宗旨小组的成员齐聚员工培训室。6组人无拘无束，每组都有一位核心领导团队的成员。他们都穿着便服，看起来就像在一个典型的公司研讨会或培训会议上。

"今天是很重要的一天，"简开始发言，"过去4个月里，我们作为团队宗旨小组的成员一直踏实工作，并在今天达到了工作的高潮。这是我们塑造日后芬瑟夫企业文化的契机。"

简指着贴在墙上的图表："诸位看到的是对各位勤勤恳恳收集的海量数据的提炼。我们提取出了核心主题、贯穿始终的关键词和主导句。这是对我们所见所闻高度凝练的成果。"

"我们今天的任务是探索这些文字，并把员工向我们传递的信息提炼成连贯而简洁的表达，再上下一心努力兑现它。"

"我想强调一点：我们今天在这里扮演着特殊的角色。我们的责任是提炼4000多人的观点。我们来这里不是为了贯彻个人想法或我们独特的信仰。我们来这里是为了诠释和描述员工眼中的公司目标。"

"重要的是，我们必须摒弃关于最终成果可能是什么样子的任何成见。说实话，我不知道我们最终会得出什么，我认为这是我们要保持的一种重要心态。我希望我们每个人都能对创造性的探索过程保持包容的心态，这正是我们今天来到这里的原因。"

简停顿了一下。

"我还想感谢各位迄今为止所做的贡献以及你们今天的参与。我希望，在未来的岁月里，当我们回首往事时，今天可以成为我们引以为傲的一天。"主持人准备开始时，简回到了自己的座位上。提炼、整合和汇总芬瑟夫目标的工作已经开始了。

目标宣言也要代表企业发展理念

当天下午4点45分，简独自一人待在培训室。

20分钟前，会议就结束了。因为急于回家，大多数与会者在会议结束后就迅速离开了。他们在会上就活动的下一步计划达成了一致意见。

这超出了简的预料。

会议室里的人们充满活力，使她大吃一惊。当他们发现将探索阶段的所有内容整合成一致的目标陈述的方法时，房间里充满了溢于言表的兴奋。

最终，成果呈现在众人眼前：对芬瑟夫存在原因的简洁、连贯的表达。这一表达诠释了芬瑟夫的本质，还激起了在场每一个人的深刻共鸣。

团队成员认为这代表公司的目标。成员们同意尽快将报告提交给董事会。他们谈到了作为目标管理者，要为公司服务的承诺，以及作为楷模、拥护者和引路人的责任。

对公司来说，这是个重要的转折点，那一天公司里洋溢着成就感、自豪感和幸福感。

吉姆离开会议室时对她说的话，还在脑海中嗡嗡作响："好吧，我之前犯了个大错。这可能行得通！"

再次证明，吉姆就是简有能力使怀疑者和不相信者改变看法的例子。

简望着窗外，员工们正慢慢散去，准备乘坐公交车或地铁回家，她让自己在回家之前放松了几分钟。

"介意我进来吗？"

团队中资历最浅的成员斯蒂芬妮走进了房间。

"请进。你觉得今天的会议怎么样？"当斯蒂芬妮走到窗边，站在自己身旁时，简问道。

"我很享受，简。非常感谢你邀请我加入团队。这是我职业生涯中最棒的经历之一。"斯蒂芬妮边说边坐了下来。

"嗯，你帮了大忙。"简笑着说。

"我？我做了什么？"

"你几个月之前在焦点小组讨论中的讲话正是转折点。在那之前的几个星期，我一直在问自己我们缺少了什么，但始终找不到答案。你在那次会议上谈到了每个人多么忙碌，以及大规模改革议程对大家的影响。"

"然后，你说——我清楚地记得你的话——'我们知道自己在做什么，但我感觉我们并不知道自己为什么要这么做。'"

"正是这个词——为什么！我突然领悟到我们所缺少的东西正是目标，它是我们走到今天的动力。所以，我想对你说一声谢谢！"

斯蒂芬妮很惊讶："哇！我完全没有想到。不过今天开会时，我强烈感觉到，我们在这么长的一段时间里，第一次重回正轨。"

她们继续谈论和回忆那一天。很晚时，她们才一起离开了公司。作为首席执行官和团队领导者，二人之所以走到一起，不只是因为共同的工作地点，还因为持有共同的信念：如果她们能成功地将使命感融入企业之中，那么成功将指日可待。

第四章　从参与者迈向倡导者

充分讨论得出目标宣言

临近中午时，芬瑟夫正式发布企业目标宣言。这天，60名高管齐聚公司总部附近的一个多功能厅。

简和她领导的目标小组成员都出席了此次会议。萨拉领导的人事与文化部门给予了他们大力支持。一位外部主持人负责主持当天的会议。

那天早些时候，简发表了长篇演讲，分享了启动目标宣言的缘由，阐述了迄今为止所做的工作以及在目标宣言最后阶段所做的数据收集和提炼工作的过程。

简还分享了一些个人经历，之前她分明觉得遗漏了什么，苦苦思索却始终无解。

她回忆起近6个月前参与焦点小组讨论的经历，当斯蒂芬妮说起自己的困惑时，那一刻，简茅塞顿开。最后，简分享了她八年级时与弗莱彻小姐的故事，以及那件事情对她的影响。

"弗莱彻小姐让我第一次感受到集体目标的强大力量。现在我们也有机会体会这种力量，因为我们要实现芬瑟夫的企业目标。接下来，我要和大家分享目标小组上个月的工作成果，这些成果促成了今天的目标宣言。它汇集了在座诸位的集体智慧，我们收集的数据具有高度一致性，词语、短语和主题一遍遍重复，这证明了我们公司基因的强大，以及员工对组织有多么熟悉。由于信息大量重复和一致，所以我们整理、汇总数据时就变得简单多了。"

"在某种程度上，我们小组已经完成了工作中容易的部分。诸位，是否有人曾在其他组织中做过类似的工作？在墙上贴一堆海报，在屏保中写上标语，然后就把它们抛诸脑后。那只是一项缺乏可信度且非常令人怀疑的举措，并不能提高员工参与度。"

许多人举手，迈克也举手了。

简信心十足地说道："我们不会在芬瑟夫这样做。开始这项工作时，我向高管层做出了承诺。我希望咱们能以切实可行的方式实现目标。今天，在座的诸位将主导这一进程，确保目标实现。"

"我诚邀各位担任公司目标的监督者。这意味着你们要承担起尊重、接纳、分享和传递目标的责任，通过你们的行动和努力，找到将目标融入每个业务细节的方法，用它来指导企业文化，实现我们的期望。"

"简而言之，我们负责将收集的意见精炼成一个生动鲜活的企业目标。这一责任十分重大，如果你们选择接受任务，那么我们都会为你感到自豪。"

几分钟后，当简与领导小组分享目标宣言时，她没有使用演示文稿或其他可视媒体。她想通过面对面交流的方式，一边向听众娓娓道来，一边与各位领导有眼神交流。

她说目标小组已决定，至少在成立后的头两个月内，不使用任何印刷版或电子版的目标宣言。这是为了沿用口述这一悠久传统。目标小组希望通过讨论、对话、交谈，将企业目标融进整个芬瑟夫公司。

简接着说："我们对这一目标的理解和阐述，将决定组织发展方向和形式。我们将从集体讨论、讲述故事及对话中获取灵感，探索我们应该如何理解目标，并帮助员工理解目标。"

"等一下，我想暂停几分钟，请大家回想一下你们迄今为止所听到的。对我们来说，交谈十分重要。而且我需要明确知道你们对目标有什么看法，你们会怎么阐述它，它呈现给你们的是什么图像和故事，它如何引起你们的共鸣。当我们思考目标宣言对于个人的意义时，我对脑海中浮现的故事很感兴趣。或许在年轻的时候，你也有过类似于弗莱彻小姐的经历；也许你曾在其他企业工作过，这些企业的目标表述清晰，且充分融入企业。那么什么样的故事能帮助我们实现企业目标呢？"

"今天晚些时候，我们将探讨如何把目标融入企业业务部门、团队以及工作作风中；我们应该实施什么新项目；为符合企业目标，我们应如何改变操作流程和决策结构，需要改变衡量标准吗；企业目标将对我们与客户的关系产生什么影响，又会对我们自身产生什么影响。"

"这些问题稍后再思考。现在，我只想让大家再听一遍我们的目标宣言，并思考一下你们对它的理解。"

文斯在房间后面静静地看着。他为目标小组所取得的成就感到自豪，又迫不及待地想要看看那些至今未曾密切参与目标制订的领导会如何回应简。

目前的情形令他欣喜。所有人的参与度都很高。人们正热情地听着简所说的每个字。更令文斯高兴的是，那些持怀疑态度的人也都聚精会神地听着，静静地接收着信息。重要的是，他们没有像往常那样，抛出具有挑战性的问题，与做演讲的首席执行官唱反调。

他看了看吉姆和苏，想起了他们最初的抗拒和怀疑。他们现在自豪得像一对看着自己孩子第一次独自游过泳池的父母。"如今他们得意扬扬，为企业感到骄傲。"文斯一边想着，一边暗自发笑。他知道前方的旅程需要投入大量的精力，付出艰辛的努力。发一份演示文稿，开始他们的日常工作，自然要容易得多。文斯相信他们所做事情的威力，和那天在场的许多人一样，一想到大家被共同的目标团结在一起和未来将要取得的成就，文斯兴奋不已。

目标宣言的精神也要传递给企业的客户

几周后，简、吉姆和文斯与"客户+"平台的高管们开完会，一同穿过走廊。IT团队负责人詹姆斯也在场。

他们在茶歇室里停了下来，做了简短的汇报，然后各自离开了。

吉姆说道："这是我们多年来和整个领导层之间最成功的一次讨论。我们也许能取得一些进展。"

"对，我同意你的看法。"简接着说道，"你提出希望与领导层展开建设性的会谈，来为双方提供双赢的解决方案时，我真的很开心。

"吉姆，我从来没听你和外部供应商说过这种话。以往你对他们态度很强硬，总是提出很高的要求，我觉得他们都怕你。但是今天你完全变了样。看来你更愿意改进与他们的关系，也在努力理解他们的想法。"

文斯仿佛看到吉姆的脸一下子红了。

"如果我们要将目标融入企业，那就从自我做起。只有这样，自己成为榜样，然后才能影响我们的员工。尝试用一种不同的方式与外部供应商合作，使用'客户+'平台建立起伙伴情谊，这不仅符合我们的利益，而且能展现我们的目标。至少我这么认为。"吉姆停顿了一会儿，"我觉得他们已经开始意识到，我们和他们一样，都对达成建设性的解决方案感兴趣。希望能成功啊！"

吉姆微笑着走到拐角处。

"文斯，你有空吗？我要去培训室。苏和斯蒂芬妮正与营销团队就公司目标召开会议，我想去看看她们进展如何。"

文斯答道："好啊，我也想去看看。"

他们走下楼，轻轻推开门，走进这栋大楼里最大的培训室。

斯蒂芬妮看到他们进来，连忙打招呼。

"简、文斯，你们来啦。我们正说到有意思的地方呢！每个小组都花了一些时间讨论目标对于他们的意义，我们已好好讨论了一番。刚才，我们集思广益，讨论如何才能将目标融入业务中，或者我们可以采用什么新方案。如果你们能在百忙之中加入讨论，那再好不过了。"

简和文斯前往培训室的不同地方，分别加入了一个小组。

简坐下来，向小组的其他成员做了自我介绍，并请他们分享他们一直在讨论的想法。

马丁率先发言："我和贾斯汀都来自业务拓展部。我们有个想法，当然这可能有一定偏向性，我们认为可以将目标融入芬瑟夫作为一次契机，加深与主要客户的联系。简，我觉得无论你对这件事有什么看法，我的意思是我们此前从未和其他人真正讨论过这件事，你觉得在当前这个阶段说合适吗？"

简咧嘴一笑，饱含鼓励意味："嗯，我目前的想法是，我们正在进行一项大规模的实验。在此阶段我们鼓励大家'犯错'。很高兴你能提出如此有创造性的想法。"

"太好了！"马丁转向贾斯汀，说道，"你也说说看吧。"

贾斯汀不习惯和首席执行官说话，她吸了一口气，低头看着桌子，说："是啊，我们都为目标而骄傲。我觉得，在我们把目标介绍给客户的时候，部分客户，尤其是我们在将目标融入企业及实现目标的过程中，想与我们进一步合作的客户，会产生强烈的共鸣。"

"听起来很不错。"简微笑着鼓励贾斯汀，"其他人怎么想的？"

马丁立马滔滔不绝地讲起与公司客户讨论目标的好处。

与此同时，另一边，文斯他们的讨论也一样引人入胜。他们谈及引入季度论坛，让员工们聚在一起，及时了解芬瑟夫向目标方向迈进的进展情况。

苏与另一小组坐在一起，热烈地讨论着利用目标与当地社区的芬瑟夫办公点接洽的可能性。他们的想法包括向当地慈善机构提供无偿服务，为缺乏财务知识的人设立培训项目。

有那么一会儿，苏环顾四周，若有所思。她的团队中不乏市场营销、商业开发、品牌管理和活动管理方面的专家。他们总是富有创造力和活力。然而在她的记忆中，从未见他们像现在这般充满能量。他们思如泉涌、神采飞扬、侃侃而谈。

苏知道，在公司目标设立初期，还需要艰苦的努力和大量的投入。然而，就像吉姆一样，她第一次相信，他们在努力把芬瑟夫转变成目标导向型组织，并且最终会大获成功。

目标宣言要体现在日常工作中

两个月后，在芬瑟夫公司核心领导层的每周例会上，萨拉就尚未完成的公司人力资源活动做了报告，这是公司正常月度报告的一部分。斯蒂芬妮也参加了讨论。

萨拉说："我想向诸位阐述一下在人事与文化策略方面所做的一些更改。我们思考了很久，想要做出什么贡献，以及如果我们的思维和方向更贴合目标的话，这些贡献又会发生什么变化。虽然工作仍在进行中，要做的还有很多，但我们已经做了几个重要决定。"

"从现在起，我们将目标作为信息传递和品牌推广的核心环节，并以此为指导，制订人才招募和员工入职策略。我们认为这很快就能奏效。"

"首先，目标会让潜在员工明白，我们不仅是一个以目标为导向的企业，还认真对待目标的完成进度及其激励作用。"

"其次，这将成为一种重要的筛选方法，可帮助我们排除那些对我们企业目标不感兴趣的人，实际上这是他们自我过滤的过程。"

"这将很快成为我们的竞争优势。因为我们清楚，年轻的员工会被哪些企业所吸引，这些企业对自己在社区中的地位和要做的贡献有明确认知。"

"我们开诚布公，让你了解更多详情，这太令我们激动了。另一个变化发生在离职员工的关系处理上。斯蒂芬妮，你可以谈谈这件事吗？"

斯蒂芬妮调皮地露齿一笑："当然可以啦。"

"几十年来，我们不够关心离职员工。我们知道，员工离开芬瑟夫一般不是因为不喜欢这家公司，毕竟我们的企业文化十分强大。离职原因多为职业发展、出国机会或是家庭环境变化等其他原因。然而，我们并没有与离职员工保持联系。"

"当我们透过目标看问题时，有一件事非常明显，那就是我们与公司的离职员工中断了联系，而他们曾是公司的一部分。离职员工是重要的资源，在我们寻求将目标融入工作方式时，他们会使我们接触到更多的社区和组织。我们相信他们不仅是公司业务的支持者，也将成为目标的坚定拥护者。"

"这是一项新举措，您将在未来几周内得知更多细节。詹姆斯和他的IT团队成员可帮助我们获得离职员工信息。未来一年内，我们将会建立新的网站和专门的社交平台，并推出活动日历。我们相信，这除了能让离职员工有机会与老朋友见面，还能创造商业机会，促进我们与社区的合作。"

"好主意。"吉姆打断了他的话，"我建议了解一下鲍勃·沃尔特斯近来在哪儿工作，让他来参加活动。他15年前和我一起坐出租车，还欠我20美元呢！"

所有人哄堂大笑，斯蒂芬妮笑着坐了下来。

简说："谢谢斯蒂芬妮和萨拉，这个想法很不错，我知道我们都渴望发挥自己的作用，帮助离职同事成为公司生机勃勃的一部分。"

"让我们进入下一个议程。"简继续说道。这时斯蒂芬妮悄悄离开了房间。

简翻看了一会儿桌子上的文件，又闲聊了几句。她开始说话时，房间里弥漫着一丝紧张的气氛。她说道："议程下一项是着重讨论。文斯，你能给我们总结一下最近发生的事情吗？"

文斯开始说道："好的。多年来史密斯和格兰特公司一直是我们的重要客户。作为全球性投资银行，其在许多国际司法管辖区开展业务。我们为它们的一些下属办事点提供服务，并与它们的执行总部保持着密切联系。与其有关的业务收入占我们上个财政年度总收益的12%，这意味着它们是我们的第三大客户。"

"史密斯和格兰特公司是多家跨国制造商的出资方。近年来，这些制造商因雇用童工、工作条件恶劣和员工待遇差而声名狼藉。这已成为新闻焦点，并引起了社区的持续关注。"

"尽管史密斯和格兰特公司已公开表示，它们将审查这些业务以及与这些制造商之间的金融服务关系。但可想而知，它们无意打破这种微妙的客户关系。它们已暗示，待热度降下来，将照旧与这些制造商合作。"

"它们很快就将我们提出的担忧抛诸脑后。我们很清楚，史密斯和格兰特在客户的商业事务上没有道德考量。"

文斯喝了一口水，接着说："最近，我们与另一家金融机构麦立文斯建立了良好的合作关系。我们现在正为其及其客户提供服务。虽然现阶段与之相关的业务收入仍微不足道，但我们相信潜力是巨大的。"

"正如全球金融领域一样，我们发现两家企业的客户间存在冲突。我们正根据具体情况做出决策。但更大的问题是商业道德，以及这是否与企业目标一致。"

"麦立文斯曾公开表示，只有客户签署了《儿童权利公约》，其才会与之合作。其认真履行这一承诺，把自己视为一群贪婪掠夺者中的白衣骑士，决心在这一领域有所作为。"

"在过去的几个月里，我们的团队就这个问题进行了多次讨论。坦率地说，我们观点不一。其中一派说，如果真的与目标一致，我们将采取与麦立文斯类似的立场。然而，这意味着终止我们与史密斯和格兰特的合作关系，除非它们更明确地给出对这一问题的承诺，不过我们认为这是不可能的。"

"另一派说，现在我们不能抛弃史密斯和格兰特，因为我们会损失12%的收益，这完全超出了我们的承受能力，会造成巨大亏损。这也将使我们超越竞争对手安格鲁斯和欧内斯特的目标至少推迟两年。"

文斯用手示意："我知道自己更倾向于哪种选择。但如果我选择为实现目标而不顾巨大的经济损失，那我就是罪人了。我们现在进退维谷。"

文斯话音刚落，迈克接着说道："不，不是的，文斯。我同意在决策过程中融入企业目标。请问如果从目标的角度来考虑这种情况，正确的选择会是什么？"

文斯皱起了眉头："确实如此，迈克，我知道该选什么了。但是我可以向你保证，如果我们选择了这条路，我们的收益额恐怕将在两年内大幅下降。"

吉姆插话说："假设事情如你所料，文斯，但是实际上，我并不认为情况会是这样，毕竟麦立文斯有很大的上升空间。果真如此的话，最糟糕的结果会是什么？"

"好吧，那预算方面我们不做推测。这在短期内会影响管理层的薪酬，我们必须向董事会和股东解释——一切都有回报，但在短期内，我们可能陷入水深火热之中。天知道媒体会怎么想。"文斯说完，等待着大家的反应。

片刻沉默后，苏说道："如果我们把整个事情反过来呢？我们何不利用这次机会来改变游戏规则呢？"

其他人看着苏，不清楚她在说什么，希望她能解释一下。

苏笑道："让我们冒险尝试一次。打个比方，我们吹起号角，成为废除童工的倡导者。我们公开表示，将不再与那些雇用童工的企业合作，并与同样为此努力的其他企业建立伙伴关系。此外，我们将这一点纳入企业营销和招聘活动中，作为我们对此问题立场的一部分。我们可以利用这个机会与麦立文斯建立更牢固的关系。最后，我们可以与史密斯和格兰特建立友好关系，向它们解释，它们是我们最重要的客户之一，若他们考虑改变在童工问题上的立场，我们希望继续为它们服务，与他们合作。我们可以设定一个名义上的期限，帮助它们转而选择更合适的客户。"

"作为变革的推动者，我们甚至可以探索与它们合作的可能性，共同在全球范围内杜绝雇用童工。我们可以和它们共同成立一个特别工作组，并和麦立文斯一同作为创始合作伙伴，以实现全球范围内的变革为目标。我们可以帮助它们把这种变革看作一种可持续的竞争优势，并要求它们与我们签约，在世界各地认真对待童工问题。作为全球性企业，我们共同影响变革的潜力是巨大的。"

"我们可以通过精心策划和战略性的方式完成这些工作，并尽最大努力避免收益大幅下滑。但最重要的是，我们应优先考虑对公司目标的承诺、对员工的承诺以及我们所有人签署的领导承诺。"

房间里一片寂静。

芬瑟夫的核心领导团队默默地交换了眼神。他们面面相觑，静静地观察着同事的反应。

文斯打破了沉默："好吧，我这一辈子也想不出一种办法摆脱这两难的困境，但苏的办法听起来行得通！"

没过一会儿，简说："这是我在领导层听到的最精彩的讨论之一，谢谢大家。"

"我想进一步探讨苏的想法，制订详细的战略计划。但是现在，我有一个问题要问大家：是否有人从根本上反对现在组织在童工问题上的立场，以及我们与史密斯和格兰特公司的关系？"

会议室里静了下来。简等了很久才说话。

"我们一直都知道，作为一个领导团队，当谈及支持我们的目标并将其融入组织时，我们会经受考验。我们也知道这会影响我们的决策，使我们在目标之旅的各个阶段做出艰难选择。"

"说实话，我一直不太确定目标之旅会如何进行下去。众所周知，这一直是一个实验，但我从来没有怀疑过在座诸位迎接挑战的能力，没有怀疑过你们能够坚定不移地履行我们的承诺。谢谢。"

"休息10分钟，然后制订解决这个问题的战略计划。我们要确保每一步都胸有成竹！"

检验目标宣言阶段性成果

1年零2个月后，简和核心领导小组与董事会进行了定期季度审查。

"我建议我们与其从'按照标准检查'开始，倒不如更新目标之旅。"

"自首次提出成为一个目标导向型组织以来，我们获得的经验和成就都已超出预期。我想各位应该同意，我们的工作表现、氛围和运作方式都与以往不同了。不仅运作方式不同，我觉得依照企业目标来工作的思想已经融入我们的思维、计划和决策过程之中了。这对企业的发展大有裨益。"

"我们的生产率提高、财务状况良好便说明了这一切。大家知道公司在销售转化率、市场份额和净盈利方面都获得了显著提升。"

"上个季度，芬瑟夫的市场份额增长了4%，按照这种增长趋势，我们预计将在6个月内从竞争对手安德鲁斯和欧内斯特公司手中夺回行业领先地位。"

"我们的敬业度评分有所提高，从两年前的58%提高到上个月的76%，这令我十分自豪。这是我们公司迈出的重要一步，我们一定会让芬瑟夫成为理想中的公司。"

"从整个公司收集到的反馈来看，探索目标并将其融入公司的驱动力是加强员工与企业间的联系，使他们重新投入工作的最重要的因素之一。"

"随着企业目标的改变，我们的战略发生了重大变化，这导致我们放弃了4条生产线。现在我们实施了新的服务计划，开发了新的产品，包括近期发布的3款新产品。"

"'焕新项目'现已完成，我知道我们都很喜欢这个新品牌，也很享受它在市场上给公司带来的影响力。在这一品牌中融入我们的企业目标，可以给员工带来强烈的自豪感和主人翁意识。"

"我们的离职员工联络计划也取得了巨大成功。现在有300多人参与该项目，大部分参与者已成为企业目标的坚定拥护者。许多人热衷于通过推广介绍、创造商机来支持我们。"

简稍作停顿，喝了一口水继续说道："我们在童工问题上的立场十分成功，超乎我们的想象。媒体的正面报道为公司赢得了广泛关注，为公司声誉加分。现在的情况出乎我们的意料，因为我们正给与我们立场相似的企业建言献策，帮助它们找到解决这一棘手问题的最佳方案。最出乎意料的是，我们与史密斯和格兰特公司的合作关系不断得到巩固。它们正处在与一些全球制造商服务关系的最后阶段，而大家都心知肚明这些制造商在雇用童工。

"我们与麦立文斯公司创立了一个抵制金融组织雇用童工的全球联盟，史密斯和格兰特也作为创始合伙人加入了我们。"

"锦上添花的是，史密斯和格兰特现在已经是公司第二大客户了，上个财政年度，我们与它们的客户总数增长了25%以上。"

"我们因坚守目标而产生的副作用较小，不及我们在抵制童工运动中产生的正面影响，也不如我们在逆境中努力推动与史密斯和格兰特公司合作关系起到的作用。"

"最后，在我们的业务运营团队彻底重新审视'客户+'运营方式后，我们打造了一个操作方便、广受欢迎的客户界面平台——这可是多年来的首创之举！"

简发言后，在座的人纷纷鼓掌。简环顾四周，细细品味这一时刻，她知道为了让这个平台取得成功，他们付出了多少努力。

"不过，我想提醒大家注意一点。我们的目标始终是成为以目标为导向的组织，也就是将我们的企业目标深深地融入公司每一层级、每一部分中，这样我们才算得上正在实现目标。"

"但是我认为目前我们还不能这样说。即使经过了近一年半的不懈努力，一切仍任重而道远。"

"根据我的研究，组织对于目标的热情会退却，投入的精力也会慢慢减少，对目标的激情可能很快就烟消云散了。这时人们会说：'哦，好吧，那也只是三分钟热度。'"

"我们做得很好。与目标一致的项目仍然后劲儿很足，我们将继续提出与目标一致的新策略，为客户提供新的服务。令我们自豪的是，我们从客户及社区活动中得到的反馈都是积极的。"

"我们现在可能犯的最大错误是坐享其成。像任何事情一样，要想实现目标，需要保持专注，不断投入精力和财力。如果我们停止投入，目标很快就会湮灭。"

"我们的核心领导团队殚精竭虑地致力于兑现承诺，这意味着我们将继续竭尽全力，实现公司目标。"

简停下来，舒了一口气。

董事长西蒙娜回应说："谢谢你，简。在我们了解苏的新品牌定位前，我很想从其他核心领导者那里听到更多与企业目标相关的个人经历。我知道这不在议程上，但我真的很想听听在座诸位的个人体会。"

紧接着，吉姆开始说道："嗯，西蒙娜，你可能知道，一开始我对这个想法持怀疑态度。我选择加入是出于对公司的爱。老实说，我这样做是出于对公司的忠诚，而不是对目标的信念。"

"但我可以诚实地说，我现在是坚定的目标小组成员，这么说是因为我最近与鲍勃·豪伊特谈了谈。"

"鲍勃在安德鲁斯和欧内斯特工作了15年，负责公司的并购工作。上个月，他辞职加入了我们公司。"

"我问他：'是什么让你坚定地加入我们的？'"

"鲍勃解释说，他在安德鲁斯和欧内斯特度过了美好的时光，但在过去的几年里，公司的重心和方向发生了变化。早年，公司注重创新、充满活力、乐于冒险。但随着时间的推移，他们所有的精力都用于追求销售额和利润的增长，他们唯一的目标是在市场上超越我们。"

"鲍勃终于承认他对追求无休止的公司利润没了兴趣。这对他已经没有任何意义了。"

"当他意识到，如果在一个致力于通过集体目标来做出更大贡献的企业中，可以继续从事自己热爱的工作，事情就简单了，他见了简，签下了芬瑟夫的合同。"

"鲍勃很高兴能加入一家真正想有所作为的公司，并准备全力实现这一目标。"

"如果我清楚这个目标是有效的，对我来说就足够了。"说完，吉姆坐了下来。

目标宣言的丰硕成果

傍晚时分，文斯和简开会讨论新团队成员的招募事宜。新发布生产线意味着，文斯需要一位新的产品开发主管，负责监督这项工作的开展和实施。文斯非常希望简能参与这一过程。

简问道："文斯，你觉得今早的董事会怎么样？"

文斯咧嘴一笑，说："很不错。我觉得他们非常棒，这从反馈中也能判断出来。西蒙娜也无法掩饰对我们所分享的一些成果的喜悦之情。"

"谢谢你在董事会结束时所说的话。"

文斯停顿了一下，说道："我是认真的，简。如果没有你们的领导，我想我们只会继续做原来的工作，一直沿袭老套的策略，公司将持续走下坡路。"

"我们需要有人向我们展示一种新的思维方式，而找到企业目标，我们便找到了新的思维方式。"

"做事要探究原因，为某项事业倾尽所有时，尤为如此。我们已经回答了这个问题，也领会了其中的内涵。我们以新的方式与公司业务相连，并饱含新的热情，今天我们向董事会展示的成果就反映了这一点。

"过去一年半，我经历了最深刻的业务转型之路。我真的很感激。"

"我也是，文斯。"简答道。

"那种遗漏东西的感觉一直折磨着我，我终于意识到是时候做点什么了。"

"我再也没有那种感觉了——缺少了什么的感觉。不知不觉中，某种更加充实的东西，以它自己的方式代替了那种感觉。"

"当然，我仍然有很多问题，但它们是不同的。之前，我感觉自己一直在寻找无处可寻之物。但是现在，我发现自己专注于业务转型和向目标看齐，以至于我一心一意只想提高员工参与度，探索发现新机遇，或为社区做出更大贡献。"

简笑着说："这些问题要好办得多呀！"

"在面试新员工之前，我们能否多用点时间考虑一下如何改进我们的公益活动？"

大家在这次讨论时情绪高涨，简在会议结束时，忍不住发表了意见。

"文斯，你知道的，过去我们的心思全花在完成数字指标上。当然，这一点仍然至关重要。但我们为完成目标所做的一切工作，都让我们的工作变得更加愉快。我喜欢现在的成就感，因为我清楚，我们正代表着集体的意向去实现我们的业务目标。"

"还记得我们离开学校，初入职场的感觉吗？我又找回那种认为自己潜力无限的兴奋感了。"文斯咧嘴一笑，"找到我们的目标就像重塑芬瑟夫一样，简。谁知道接下来会发生什么呢？"

第五章　目标有助于企业转型

目标之潜能

我们有幸帮助许多企业成功设立了自己的目标。虽然对每个企业所采取的方法不尽相同，但它们都收获颇丰。

最终，通过确立并融入目标，企业可以更好地阐明集体意义和企业认同感。

目标指的是对实现某种意图的渴望，而这种渴望仅仅靠财务指标是无法实现的。集体意向为个人努力提供了切实的理由，将目标与之相连可以带给人充实感和成就感。一旦目标明确并融入企业文化中，就会改善员工的工作体验，提高员工敬业度。

如果一个企业具有强烈的使命感、清晰的愿景、明确的价值观和战略方向，它由内到外便讲述着一个脉络清晰、引人入胜的故事。这可以使组织与客户的联系更加紧密，提升客户的忠诚度，当故事与品牌融为一体时尤为如此。如果做得好，这将长期推动企业发展，提高生产率和股东回报。

目标是企业大胆决策的"定心丸"，也是企业必不可少的"压舱石"，可以帮助企业在不可避免的商业风暴中站稳脚跟。随着目标渗入企业结构，它将增强企业的适应性，建立真正的差异，并打造强大且可持续的竞争优势。这就是目标的潜力。

许多企业都缺乏目标

一些企业已经完全丧失将目标植入企业的动力，还有一些企业的热情已经消失殆尽。大家对这种情况早已司空见惯。

一旦缺乏目标，企业几乎就会不可避免地专注于完成财务指标和增长目标等。这通常被传达为"收益最大化，增加股东分红"的愿望。虽然这种模式可以带来显著的短期回报，但它忽略了两点——员工对目标的需求和从事有意义工作的愿望。它无法充分利用员工和客户的参与度，在我们看来，这种模式具有局限性且不可持续。

成功的四大关键要素

根据我们的经验，成功的目标之旅需要具备四大关键要素。

1. 真正渴望有所作为

目标源自一种渴望——渴望为更伟大的事情做贡献。它根植于我们对有价值、有意义、令人满意的服务的追求。它表达了我们共同的意愿，即为人类做出贡献，当然还包括改善员工的生活。

2. 首席执行官必须支持目标之旅

只有公司的首席执行官才有权力、信誉和影响力来支持企业的目标。首席执行官必须全身心投入到目标之旅中，致力于领导目标之旅的每个阶段，这是至关重要的。

3. 兼具包容性和参与度的过程

一个自上而下制订出来的目标几乎不可避免地会失

败，因为员工会觉得这是对他们下的命令，而不是和他们一起制订的目标。理想情况下，企业要为所有员工创造机会，让他们积极参与，让他们觉得这是他们自己设定的目标，是全体成员共同拥有的目标。

4. 真诚而持久的领导承诺

目标不是短期解决方案，也不可能在很短时间内实现。它需要真诚而持久的领导承诺，使其真正融入企业文化中，并成为企业发展的新方式。

成为目标导向型企业的行动框架

与企业讨论目标之旅时，我们通常会指引其完成以下4个阶段。

阶段1：承诺；

阶段2：探索；

阶段3：参与；

阶段4：融入。

下面详细介绍每个阶段的重要组成部分。我们在第三部分引用了一些首席执行官的话，以帮助阐明目标指南的一些要点。

我们希望这能为您的目标之旅保驾护航，帮助您的企业发展成为目标导向型企业。

第六章　阶段1：承诺

一场变革之旅

实现目标导向是一场能使企业转型的变革之旅。

这场变革之旅将重新定义企业的优先事项、战略目标、决策过程和文化。它可能会影响您的品牌和营销策略、招聘方式、公司绩效、薪酬和奖励机制、公益项目以及社区服务的方式。

这不是一个传统意义上的项目，它既没有明确具体的目标，又没有预设截止日期。

它是体现集体意向的探索过程，为企业提供了明确的方向和清晰的前进道路。

这是一场充满挑战、复杂但有益的变革之旅，可能会深入员工的内心。如果做得好，它可以调动员工的积极性，让他们参与其中，齐心协力。

澳大利亚财富管理集团总经理克里斯托弗·克拉尔曾说过："通过探索企业目标并让员工参与到实现目标的过程中来，我们获益良多。在此过程中，我们更加团结，还提升了员工的敬业度。和所有长途旅行一样，万全的准备至关重要。"

目标之旅可以拥有多个起点

有时，开启目标之旅可能是因为某位高管听到其他企业的目标之旅时深受启发；可能是因为竞争对手推出了具有明确目标的新品牌；也可能是因为某董事会成员阅读了此类书籍，便与同事分享。

在我们的故事中，"遗漏某些东西"这一出发点是经过深思熟虑的，因为这呈现出了许多企业内部的经验。

简所说的这些东西包含了员工深切的共同需求：他们需要知道自己每天的努力会带来不同，为团队、企业、社会或社区做出有意义的贡献。最终我们需要知道，不管是惊人之举还是点滴小事，都可以让世界变得更美好。这就是目标的核心。

通常情况下，这种感觉模糊不清，难以言表，正如斯蒂芬妮所表达的感觉："我们知道自己在做什么，只是不知道为何而做。"

我们与其他企业的合作表明，斯蒂芬妮的感觉很普遍，是企业目标之旅最常见的起点之一。简受到很大启发，她意识到目标是集体渴望的核心。听了斯蒂芬妮的陈述后，她几个月来，第一次知道了问题的根源所在，还知道了到哪里去寻找答案。

企业中的任何人和部门都可能率先意识到目标的缺失，如希望从工作中获得深刻人生意义的员工，不协调一致的团队，经营不善的业务部门，认识到"遗漏了些什么"的新人，或者想要为公司做出更大贡献的领导者。

把握好节奏

无论最初的火花出现在何处，在投入资源前，您都需要时间来讨论、商议和反思。多次讨论以后，想法将变得明确，对目标的渴望会更加清晰明了，也会得到员工的理解和支持。

企业内部的领导团队已参与其中并准备好向前奋进，说明一切已准备就绪。只有这时，企业才能成功踏上目标之旅。

但是，我们还需要进行一些分析，以确定在发现目标阶段的投入是及时的，资源得到了充分利用。虽然一个苦苦挣扎的组织可能缺乏目标，但是如果其将大部分精力都用来规避失败或仅仅实现企业生存，员工就不太可能投入到更高层次的活动中，比如目标之旅。

一些新任命的管理者试图在任期内过早地开启目标之旅。如果您想踏上目标之旅，需要全面了解企业历史和文化，并与主要利益相关者和客户建立高度的信任关系。根据我们的经验，当领导开始变革时，应投入时间确保这些基本原则是正确的，这与目标同等重要。

澳大利亚私人保险公司前总经理兼首席执行官乔治·萨维德斯曾说过："在解决燃眉之急以后，我和高管们发现，财务指标固然重要，但并非我们完成任务时面临的关键挑战。……很明显，领导层面临的挑战是要更深入地与目标联系起来，即提供更好的健康服务，而不是停留在传统领域。"

目标也同样适用于企业部门和家族企业

大型企业的分部可以在内部成功实现目标之旅。当整个企业的目标之旅遥不可及时，在分部或部门内部开展目标之旅，可以带来变革，收获实质性的好处。

同样，家族企业也可通过目标之旅而受益。家族企业的领导团队对企业想要做出的集体贡献有一致的理解，能以此指导方向和进行决策。

史迪威家族企业董事长克里斯·史迪威说："体会到目标的力量使我们的家庭团结了起来，在回答了我们为什么要作为一个整体行事以及我们最想把什么传给子孙后代等最基本的问题之后，我建议所有家族成员都参与这一过程。没有什么比所有人发现、坚守并实现宏伟且鼓舞人心的目标更重要的了。"

首席执行官必须作为目标之旅的倡导人

首席执行官或与其同等职级的人必须是目标之旅的主要支持者和倡导人，并且要一直是思考、行动以及决策的榜样，来帮助目标成功融入组织。

首席执行官能够以一种有意义的方式，在获得高管支持和利益相关者参与的同时，在前线发挥领导作用。

人力和文化主管或同等职级的主管，通常会负责管理目标之旅的内部流程和后勤工作，但是首席执行官必须是主要的支持者和倡导者，是在目标上投入最多的人。

如果某位善意的高管没有得到领导者的大力支持，或只是得到领导者的勉强支持，就去主导目标之旅，那将大错特错，因为这一过程注定失败。

确保领导团队积极参与、团结一致

领导或执行团队的成员在支持首席执行官实现目标的过程中，是最重要的共同发起人和模范。如果没有得到他们的完全同意和充分参与，出现挑战时，分歧会随之而来。

在我们的故事中，简花了大量的时间和精力让企业领导团队参与其中，确保他们理解芬瑟夫的原则、商业利益以及如何在企业中融入目标。

这一典型情况，在大多数企业中都发生过。这也是我们以这种方式编写故事的原因：拥有强大商业背景的生意人习惯使用合乎逻辑的线性解决方案，目标这样的无形概念对他们来说是相当新颖的。给领导团队足够的时间和空间来讨论他们的想法及关注焦点，将在整个过程中持续产生回报。

对于拥有董事会或类似管理机构的企业，如果领导团队在目标之旅早期成功地让其参与其中，目标之旅将更加顺畅。理想情况下，董事会参与后才有关于目标之旅的深度交流。董事会成员是有影响力的领导者，确保他们积极给予支持，必将推进目标之旅并使之充满活力。

企业具备目标

吉朗足球俱乐部首席执行官布莱恩·库克强调："尽管目标之旅的主角、领头羊和发起人是首席执行官，但目标是属于整个企业的。"

"这一目标必须得到领导层的拥护，最终必须得到全体成员的认可和支持。在我们的圈子里，这意味着我们的成员和支持者最终也认可并支持这一目标。"

领导者是企业目标的监护人。他们的职责是确保其继任者做好了接过指挥棒的准备，目标交接已然成为企业内部的常态，这往往是前任领导最值得骄傲的遗产之一。

通往未知的目标之旅

许多高管对目标之旅的最大困惑在于他们无法预先确定最终的结果。在掌握了实现既定目标和特定目标的技能后，他们不习惯踏上前途未卜的旅途。

试图控制、操纵或过度影响目标之旅是大错特错的。

深究细探后设立目标将更有效地为领导者服务。目标之旅的活动与目标同等重要，每个执行团队将成为每个活动的最终决策者。然而他们并非操纵者，而是扮演着控制、支持和引导的角色。

一旦许下承诺，便无回头之路

在某种程度上，首席执行官和其他高管需要做出承诺。

一旦领导者展开了讨论和辩论，有时间思考和反思，与利益相关者合作，认识到目标是明智的商业决策，并且做好了万全准备了解整个过程，直到整个企业都意识到其中的好处，许下承诺的时机就已经成熟。

开启一段目标之旅是极具战略意义的商业决策，绝不可掉以轻心。一旦开始，您就会为需要满足的员工和利益相关者设立一系列期望。您作为领导者的可信度将取决于您是否准备好履行您的义务并实现这些期望。

目标之旅不欢迎怯懦者，它不是可以转接、推迟、暂停或丢弃的项目。要想成功进行目标之旅，并在所有业务中获得收益，需要大量时间、精力和情感上的投入。

最终，目标之旅是信仰的飞跃。像所有伟大的变革一样，既要规避风险，又要赢取回报。如果你曾经脱离了目标，那么在公开表达你的意图之前应该知道下一步怎么做。从这点来看，目标之旅没有回头路。

带着诚信和坚定的决心投入这段旅程，是成为目标导向型企业的第一步。

第七章 阶段2：探索

具有包容性的过程

在此阶段，人们往往斗志昂扬、充满活力。如果做得好，整个企业将参与到兼具参与度和包容性的过程中。在这一阶段，企业将在多个领域内举办多项活动，进行多次讨论，大家对可能发现的事物抱有一定程度的期待感和兴奋感。

找到现在所做之事的原因和意义，这对企业所有人而言都意义重大。

组建专项团队

首席执行官和领导团队将支持目标之旅，企业的某位高管最有可能成为这个项目的领导者。人们通常会选择资深的人力和文化领导者担任这一职责，因为他们是负责这类活动的最佳人选。

企业应给予项目负责人大力支持，拥有多个分支的大型企业尤为如此。来自多个商业领域的人员组成的团队可以提供广泛的专业知识和良好的跨职能代理。这体现了视角的多样性，也能确保在整个企业中有传达任务进度和赢得支持的声音。

和其他项目团队一样，他们的角色应当定位清晰、分工明确。在理想状况下，他们将一如既往地引导目标之旅。因此，他们将领导探索和参与两个阶段，并在融入阶段开展引导活动。这是一个长期的过程，需要团队投入大量时间和精力。

当然，他们会就后勤工作和流程问题向首席执行官和领导团队提议，可以考虑让他们参与最终决策过程。与我们合作的一些企业选择让他们参与这一过程，一旦发现企业目标，就期望团队成员能成为目标的拥护者。

制订一个周密的计划并付诸实践

项目团队要有许多利益相关者参与。多渠道信息跟踪、协调几十个论坛，需要整理大量数据。项目管理的训练要有协调性和高效性，这对流程的正常进行十分重要。

许多企业擅长此事，项目团队在此阶段往往充满活力：可实现包含多个活动的复杂项目，同时能确保所有事情都处于正轨并且持续进行，这能够让他们发挥自己的优势。

将包容性和参与度最大化

我们不能简单地将包容性和参与度表述为：如果想从一段目标之旅中获得最大的好处，就必须以某种方式调动员工的积极性，让每个员工都参与其中。包容性和参与度是所有目标之旅关键的决定性因素之一。

正如我们所说的那样，希望企业的每一位员工都感受到，他们能从最终的目标宣言中看到自己参与的痕迹。

原因很重要但很简单，就是在寻找一种表达集体意向和意义制订的方式。这个集体包括企业中的每一个人，所以要想办法让他们参与到目标之旅中。

文森特医疗公司首席执行官约翰·布旺斯基说过："尼古拉斯·巴内特利用他和罗德尼·霍华德在书中所勾勒的流程，促成了一个企业范围内的目标，帮助董事会成员、全体员工、志愿者和客户审查并重校文森特医疗的愿景、使命和价值观。"

科技的奇妙之处在于它能使成千上万的人跨越时空（时区和地区），成为积极的参与者。

简短问题、多项选择和长篇问卷可用于收集成百上千名员工的意见。在线调查、聊天论坛和社交媒体平台提供了绝佳的媒介途径，能最大限度地提高参与度和增强包容性。项目团队可以展现出他们作为设计者的本色，设计出对企业而言拥有独一无二创意的数据收集活动。

除了借助网络工具让员工齐聚一堂，广开言路也能极大地催生创造力。此外，数据收集焦点小组、研讨会、论坛和团队会议也为员工提供了建言献策的机会。

通过调查、社交媒体、电子邮件、论坛的活动挂图以及头脑风暴会议，项目团队可获得大量数据。这些数据代表了员工的集体诉求与共同期盼。我们建议尊重和关注他们提供的信息。

寻求外部利益相关者的意见

外部利益相关者提出的意见非常有价值，可为我们提供全新的视角。

目标所表达的贡献不仅局限于企业本身，因此它必须向外拓展。让客户和社区成员参与进来意义重大，因为他们能拓宽您正在构建的视野。

有时，企业内部不愿意从客户那里寻求此类意见并予以采纳。然而，每当我们让客户参与目标活动时，他们都很乐意。

企业的董事会可以在探索目标的过程中做出有价值的贡献。重要的是，要特别考虑包含上述贡献的最佳方式，这一定是各企业所特有的。

表达并实现集体意愿

最终，项目团队需要将大量数据提炼成最能代表集体意愿并引起员工强烈共鸣的表述。在此期间，可以举办一系列会议、小组对话和简易论坛，以在首选的目标表达上获得迭代式的改进。该过程的高潮最有可能出现在与首席执行官和领导团队举办的研讨会上。

目标的候选词句一般悬挂在大会议室的墙壁上。当企业的集体目标达到最终升华阶段时，参与者不断向其靠拢，会议室内便形成了一种高度互动的环境。

在亚瑟王骑士的故事中，有抱负的骑士只有在迷失后才能找到自己真正的道路。我们经常看到一群领导者千方百计地寻找一种以简洁而又富有意义的方式来表达目标时，他们往往百思不得其解、困惑不已、不知所措，甚至认为不可能找到一种明确表达目标的方法。

这种情况似乎很常见！

不知何故，团队中某一处灵感的火花势不可挡，像野火一样蔓延开来。似乎一瞬间，一切都清晰了。这火花或呈现在白板上，或写在活动挂图上，自豪地向房间里的每个人宣誓：企业独有的集体目标宣言即将诞生。

对此，往往有个程度的提升问题。

史迪威家族企业董事长克里斯·史迪威说："读者应该注意到，发现目标的过程并不容易。尼克告诉我们，探索阶段进行了几小时后，我们都会有完全迷失的感觉。的确如此，但我们选择相信并坚持下去。从另一端走出来的时候，我为我们发现目标而感到兴奋。"

定稿

对企业来说，敲定目标是一个重要的里程碑。首席执行官和领导团队是最终决策者。一旦公布了目标，便再无回头之路。它成了对员工、董事会、利益相关者、客户、整个行业和社区的承诺。

一旦做好了制约和平衡工作，确保首席执行官和领导团队都尽职尽责，就是时候敲定目标了。

倘若已经准备好与员工分享你们的共同目标了，那就将目标融入企业吧！

第八章　阶段3：参与

从参与者迈向倡导者

下一个重要的步骤是让员工参与其中，目的是转化员工身份——将一直积极参与探索过程的员工转变为坚定的倡导者，帮助把目标融入企业。

在前几个月里，频繁的宣传将使内部参与者耳濡目染，他们将通过各种各样的数据收集活动分享观点。现在他们正兴致勃勃地等待投资的最终结果。

如果你认为他们一下子就能热情高涨，成为积极的参与者，那就大错特错了。与任何重大的企业变革一样，这需要借助一系列精心策划的发布活动才能获得最佳结果。和以往一样，成功与否在很大程度上取决于宣传的质量和频次。

先内部参与，后外部发动

希望客户和外部利益相关者参与到新的企业目标中来，是品牌整合的重要一步，也是加深客户关系的绝佳契机。

建议先让员工和内部利益相关者参与其中，一定要为他们提供正确理解目标的机会，因为他们是拥护者和倡导者。

说服员工参与其中并提供支持，日后将会产生成倍的回报。这件事要做得细密周到。

采用有故事性、引人入胜的讲解方式

目标就是此刻想要在企业内做出的明确贡献。公布目标之际，讲故事对于调动主管和员工的积极性大有裨益。讲解目标时，可以借助故事、图片及影像。

为了给该阶段提供背景信息和理论依据，我们既要点明追寻企业目标的初始动机，又要说清楚在探索期支持这项新事业的方法。成为目标导向型企业这一愿望备受瞩目，因为它体现了集体意愿。所以，充分发挥目标的力量是有道理的。

温特林厄姆首席执行官布莱恩·利普曼说："员工留任是出于对工作的满腔热情。他们知道，鲜有人愿意去做他们所做的工作，他们知道自己正在发挥巨大作用。从根本上说，他们留任是因为他们成了自己引以为豪的文化精神的一部分。"

创造讨论机会，开展探索论坛

如果想要树立行为榜样、传达领导承诺，那就得给予首席执行官和领导团队机会，让他们去讨论目标对于自身的意义，这是一种有效的方法。不管是正式论坛还是非正式论坛，在整个企业中开展得越多，就越能让领导团队走近员工和内部利益相关者，参与他们的讨论。

员工也需要时间来了解自身的目标。要鼓励他们加入团队，参与跨职能论坛，因为这样做能给他们提供讨论、理解和融入目标的机会。

我们经常建议团队探索目标对于他们的意义，解锁实现目标的方法。为了更好地与目标保持一致，我们会建议他们考虑该多做什么事、少做什么事。

美世咨询公司总经理兼太平洋区负责人本·沃尔什说："创造更美好的生活成了我们的'山巅之虹'。我请我们的管理人员和所有同事帮忙制订出了目标和实现目标的方案。"

让员工成为倡导者需要时间。虽然早期会有很多人成为接受者，但也会有怀疑者充当"拦路虎"。与任何变革项目一样，这需要坚定的领导承诺、长期的投入和持久的毅力。

大胆创新

企业可以通过各种各样的方式激励员工参与目标。

领导者要开拓创新、勇敢无畏，努力找到适合企业内在文化的方法。可以要求员工或团队通过摄影或绘画等艺术形式来表达他们对目标的理解；也可以鼓励团队与其他业务部门建立联系，互相讨论目标，以加强部门协作；还可以开展午餐时间论坛，组织各部门人员借用午餐时间，探讨一下目标在企业业务范围内的应用。

切忌宣传过度

大型企业的重大变革计划常以失败告终，最常见的原因是未能充分调动员工的积极性。目标要定期宣传，内容要前后一致、表达清晰。

要确保传播策略严谨周密、信息前后一致，这是成功的关键。

在参与阶段应该避免宣传过度。

采用多种宣传手段

领导团队可以通过面对面沟通、在线联系等多种方式走近员工。将目标融入企业架构、内部信息传递中是非常重要的。精心设计的影像材料是一种有力的传播途径，能让目标变为现实。

我们见过一些企业变革计划迅速退化为"印在鼠标垫和显示在屏保上的标语"。声势浩大的宣传活动逐渐减少，简单的人工制品成为宣传主力，结果企业文化并未迎来影响深远或意义重大的变革。这种模式大家早已司空见惯，自然会在企业内遭受越来越多的怀疑和嘲讽。

请不要犯这样的错误。

确保推行的变革与深深融入企业文化的长期目标相一致，确保做到尊重、关怀和诚信，员工将会为企业带来成倍的回报。

融入目标的时机已到

现在，领导团队已经得到积极回应，也已许下承诺；已让积极参与探索过程的员工投入其中；已明确界定目标；已让员工成为该事业的拥护者。

一切终于准备就绪，可以将目标融入企业文化中了。

第九章 阶段4：融入

真正的工作才刚刚开始

在我们看来，这时真正的工作才刚刚开始。现在是时候将目标按部就班地融入企业的各个领域了：从决策到营销、从人才招募到团队会议、从品牌推广到名称标记，从影响深远的大宣言到鲜为人知的小符号……目标渗入企业文化和生活方式的程度取决于企业成员对它的信仰程度。

专注两年承诺

虽然目标融入企业是一段没有尽头的转型之旅，但为了将目标成功地植入企业之中，建议先制订一个两年时间框架。

我们认为两年时间切实可行。目标先要在集体意识中扎根，然后才能影响企业的文化和行为，这需要很长一段时间。由于目标是一项长期变革计划，两年时间可以让人们摒弃"一蹴而就"的幻想，从而为企业制订合适的愿景提供保障。

澳大利亚国民银行总裁彼得·艾奇逊说："……明确规定企业目标终将带来高于同行企业的财务回报，这只是其中一个好处。它并非随意、空洞的人力资源材料。这可能要消耗时间，但值得坚持不懈。"

对领导力、团结力和执行力的考验

对于企业目标而言，领导者是最重要的榜样和倡导者。他们的言论、行为和形象需要保持一致。他们在别人眼中和在本质上都是组织目标的真正信仰者。没有他们的积极参与，目标注定失败。

最终，首席执行官要对文化转型的成功与否负责，这正是目标融入企业的核心。我们看到一些领导者把这件事做得极为成功；不幸的是，有些领导者只动嘴皮子，起不到榜样作用，也不甘于奉献，他们领导的企业变革计划只能以失败告终。

将目标完全融入企业需要长期的投入和极大的毅力。这能真正考验领导团队的团结力，也能考验他们是否有能力引领企业文化发生重大变革。

辛特奥董事总经理切斯特·坎宁安总结道："只有怀揣目标的领导者才能让目标有影响力。如果员工不支持目标，那么目标就不能推动企业前进。事实证明，目标能激发动力，领导者则是保持并增强这一动力的重要力量，包括内部拥护者和其他真心实意为目标提供支持的外部人士。"

为项目团队注入活力

现在比过去更加需要项目团队在整个过程中保持精力和热情。他们将在今后两年内发挥重要作用，也需要获得充分的支持。

要确保他们清楚自己的角色、期限承诺和汇报程序。如果这是他们全职工作之外的职责，请注意不要让他们负担过重，因为这可能会对信息传递和企业牵引力产生负面影响。

理想情况下，项目团队将作为企业各层级和各部门的代表，也会获得人事与文化部门高管或其他企业领导的支持。该团队将负责所有活动的管理、协调和开展，从而帮助企业实现目标。

这个团队肩负着重任。

开展长期活动

调动员工参与目标的融入过程是一项长期工作，这将极大地提高企业牵引力。

可能会有许多不同的活动或项目在企业的各个领域内同时展开。潜在的领域很多，比如人才招募、品牌推广、奖励和表彰计划、针对新客群体的"走进市场"战略及其他。

这里机会无限，需要给项目团队加油打气，让他们志

存高远，充分发挥创造力并做好另辟蹊径的准备——积极
改造企业，迎接革新的时刻！

准备好改变您的战略重点

融入目标时，可能需要回顾现有的企业故事。企业故
事的内容需要具有一致性和协同性，这样才能让内部和外
部利益相关者清楚明了。

企业需要根据目标，重新思考愿景和价值观。企业架
构、体系和流程也得重新考虑。除此之外，还需要依据目
标评估其他领域，如公司品牌、网站和营销材料等。

如此看来，目标将成为引领方向、指导战略和衡量决
策的重要因素之一。

澳大利亚私人保险公司前总经理兼首席执行官乔治·萨
维德斯说："我们深知目标充当了战略决策的过滤器。在
竞争激烈的环境中做生意，就意味着要随时迎接商业挑战。
这犹如逆风时的大海一样阻挡我们前行，但我们清晰的目
标就如轮船的龙骨一般，让我们保持稳定、团结一致。"

企业需要缩减或终止一些不再符合目标要求的业务。一些客户的联系紧密度可能不如从前了，但明确目标后很可能会迎来发现新客户的机遇。

决策可能会受到考验

当企业按照目标要求，重新制订一个重大决策、长期原则或业务规范时，一个根本性的转折点出现了。这是执行关键任务的时刻，也是在商业范围内对领导团队承诺和毅力的公开测试。

一旦确立了目标，企业可能就要调整重要的战略决策了。如果没有调整，那么"将目标融入企业"就是一句空话。

不断将计划、决策和行动与目标联系起来，有助于实现目标。这样做可以让目标变为现实，也可以把目标深深融入企业的思想和文化中。再强调一遍，重复这一过程且保持内容一致至关重要，当怀疑者从鸡蛋里挑骨头时，更是如此！

文森特医疗公司首席执行官约翰·布旺斯基说："企业将目标融入企业文化，并使之成为日常交流和思维方式的一部分时，要确保所有计划、项目、决策、活动、行为和信息传递与依据目标制订的策略协调一致、紧密相连。

任何重大变革议程的成功实施，都需要所有员工将目标置于首要位置，这样才能使目标成为他们思考和行动的一部分，成为我们日常信息传递的常规内容。"

调整招聘程序及入职培训内容

目标若能直击人才招募和入职培训内容的核心，就能在企业内生根发芽。目标提供了一种表达共同市场意向的方式，对于那些想为目标导向型企业工作的人而言，它成了一种独特的"卖点"。

一些有意入职的应聘人员如果觉得无法理解目标，或者觉得目标与他们的信仰相悖，可能就会断了加入企业的念头。对他们来说，选择为其他企业服务或许更能实现自身价值，并达到互利共赢的结果。

另一方面，开展以目标为导向的活动，将吸引一些未来可以依赖的人。他们与企业文化的契合度更高，无疑将做出宝贵的贡献，这对各方来说都是双赢的局面。

重新考虑关键绩效指标和其他衡量指标

大多数人都坚持现有的关键绩效指标和其他衡量成功的标准。有了新的目标，就意味着拥有了更高的任务优先级。摒弃与新目标相悖的旧指标，是对坚守目标的一次有效考验。如果想要知道企业真正重视什么，你可以通过这些衡量标准找到一些有用的线索。

一些企业已经采取了大胆的措施，废除了旧有的与收入增长挂钩的规定性激励机制，代之以符合目标的关键绩效指标。规定性激励机制是以销售和其他利润目标为基础的，这些企业并不靠这个来驱动经济引擎，其宁愿将人类的创造力和实践能力作为驱动力。

其他企业在员工周会和月会上，不再强调它们的财务数据，而更愿意关注目标融入企业的程度及实现情况。

调动客户和外部利益相关者

与合作企业讨论其业务转型时，许多人收到客户和员工的积极反馈后又惊又喜。同员工一样，外部利益相关者同样渴望目标。

在制订目标之旅时，企业要仔细考虑吸引客户、主顾和外部利益相关者的最佳方式，需要着重考虑品牌推广、市场营销及信息传递等重要因素。

向外部各方展示的最佳方法是，把企业奋力做出的贡献与企业意义联系起来，以此为背景来阐明企业目标。

自豪地向世界展示目标，是将其融入企业基因的一种绝佳方式。它肯定会向员工传达意义深远的信息——在生活的各个方面都致力于实现目标，并做好了准备。

一种新的发展方式

随着目标越来越深入人心，它将开始成为企业新的发展方式。

人们思考和交流的方式将焕然一新。企业将在设定战略方向和目标的方式上做出重大转变，将打造新的产品和服务，接洽新的客户群。员工将习得新的语言，品牌也将不断升级。

核心领导层将越来越受到集体意向的约束，这种意向具有深刻的意义，能让员工受益无穷。这可能会提升员工的敬业度、留岗率，增强员工的主动性，还能提升客户的参与度与忠诚度。随着目标进一步融入企业的文化和基因中，它将帮助企业建立真正的差异，打造可持续的竞争优势。

我们已多次目睹：这就是目标转型的力量。

目标可以改变企业、员工的经验以及所服务的客户和社区，也可以满足其在日常工作中对目标的共同诉求。

这就是目标关乎企业成败的原因及其改变企业的方式。

第三部分

案例研究：9 家企业的目标之旅

　　我们邀请了8位现任首席执行官和1位前任首席执行官来分享他们的真知灼见，内容是企业对目标的追求是如何转变或者改变他们的企业和员工工作、生活的。他们分享了他们踏上目标之旅的原因、探索目标的益处，还给我们提出了建议。

　　许多首席执行官解释了为何目标导向与领导力之间存在不可分割的联系。他们还解释了如何通过实现目标来团结并激励员工，从而塑造新的企业形象，形成区别于竞争对手的强大差异，打造可持续的竞争优势。

　　他们强调了领导求真务实、持续发力的重要性——使目标充分融入企业，使其成为新的发展方式。在此过程中，他们认为的重点是：在目标与组织架构、体系、思想、计划和行动之间建立真正的一致性，包括确保员工和客户受到的照顾和待遇在原则上相互对应。

　　我们向这9位德高望重的领导者表示衷心的感谢，感谢他们从2016年12月到2017年3月为本书所做的贡献。

案例1：吉朗足球俱乐部

（由吉朗足球俱乐部首席执行官布莱恩·库克供稿）

关于吉朗足球俱乐部

吉朗足球俱乐部号称吉朗猫队，成立于1859年，是澳大利亚足球联盟中历史悠久的俱乐部。1999年，布莱恩·库克接任首席执行官。吉朗足球俱乐部曾于2007年、2009年及2011年分别摘得超级联赛的桂冠，近年来已经成为澳大利亚足球联盟中的佼佼者之一。

为什么吉朗足球俱乐部会制订目标？

目标阐明了我们是谁，也解释了是什么让我们与众不同。这就是我们作为一个企业存在的原因，也是我们想要实现目标的原因。我相信，一套明确的优势体系和一套真正的价值观体系能够增强目标的独特性，从而为您带来至关重要的真正差异。

我们的目标是"成为最伟大的团队，俱乐部成员为我们如何比赛、开展业务和融入社区而感到自豪"。

这个目标解释了俱乐部为何存在。作为领导者，我们的主要职责之一是确保员工遵循共同的目标和价值观，团结一致。我们的价值观与企业的目标和竞争优势相结合，形成了"吉朗之路"——一条不同寻常的经营之道。我们招募、培养并奖励那些认真践行"吉朗之路"的员工。

对我们来说，目标+价值观+竞争优势="吉朗之路"。

我们的价值观是：明礼诚信、精益求精、包容团结、敢于冒险、坚守信念、勤于思考、创造利润。

多年来，我们的竞争优势不断增强，我们认为这些优势在于：

· 优秀的员工（才能和价值观）；

· 卓越的领导（广度和深度）；

· 合理的规划（长短期策略和执行力）；

·伟大的文化（奖励机制）。

一个宏伟的目标不必是一个重大战略，它需要价值观和优势体系。然而，一个宏伟的目标能帮助企业拟订未来议程，形成企业架构。

主要好处是什么？或者预计会是什么？

我认为重要的是：企业要抓住重点，既要说明将参与哪些活动，又要明确说明不参与哪些商业活动。这有助于运筹决策。目标可以让您明白拒绝与接受同样重要。

共同的目标既能联合利益相关者，又能感召员工；目标描绘出了需要重点投入的板块。理想情况下，一个目标还应该充分说明企业为何创立，为何造福社会，为何至关重要。

关于目标，您对大家有什么建议？

设定目标时要循序渐进。我们俱乐部花了一年多的时间来制订目标宣言。企业可以通过各种渠道来树立目标，譬如开展研讨会，借助电子通信手段，走访企业各级部门和内外部利益相关者，组建项目团队等。

目标必须得到总经理和董事会等的拥护。最后，全体成员必须认可并支持目标。

目标要清晰明确、无懈可击并且与您自身的目标非常相似——找准最佳定位！考量一下在某些特定时期，目标的某一部分是否比其他部分更重要，并准备好担当企业目标的监督者。

案例2：澳大利亚财富管理集团

（由澳大利亚财富管理集团总经理克里斯托弗·克拉尔供稿）

关于澳大利亚财富管理集团

作为澳大利亚金融服务业的领军企业，澳大利亚财富管理集团为60多万名客户提供众多产品和服务，包括金融咨询、养老规划、投资管理和信托服务。该公司成立于1846年，已在澳大利亚证券交易所上市，现已成为澳大利亚最大的财富管理集团之一。

澳大利亚财富管理集团通过多个品牌为客户提供支持，包括沙福斯金融集团（Shadforth Financial Group）、奥德米内特（Ord Minnett）、康萨特姆（Consultum）、布里奇斯（Bridges）、龙狮戴尔（Lonsdale）和澳洲现金管理信托（Australian Executor Trustees）。

自2009年克里斯托弗·克拉尔担任总经理以来，他通过收购等方式让公司业绩显著增长。

澳大利亚财富管理集团为何会制订目标？

在澳大利亚财富管理集团，我们的目标深深植根于企业的历史。170多年来，澳大利亚财富管理集团一直致力于保护客户的财产安全。我们想借助一份清晰明了的目标宣言来引起客户和员工的共鸣。

当团队有了明确的商业目标，我们就能更加理解自己该如何为实现业务目标做出贡献，如何在工作中获得更大的满足感，如何满足并超越客户的期望。

为了阐明目标，我们首先倾听了客户的意见。为了解客户最深切的诉求，我们的"客户第一"联络小组接听并查阅了数以千计的客户来电和来信。总结后，我们发现"理解我、照顾我、保障我的未来"等诉求频繁出现。

我们召集了澳大利亚财富管理集团的100多名高管，讨论如何传达企业目标。我们一致认为，目标宣言真实反映了澳大利亚财富管理集团的目标，并在各个子品牌中产生了强烈的共鸣。

依据我们的员工采访和调查结果，许多人都认为这个宣言把澳大利亚财富管理集团的文化和目标说得一清二楚。为什么要每天上班？为什么要满足客户的需求、心愿和期望？他们表示在宣言里都能找到确切答案。

主要好处是什么？或者预计会是什么？

探索我们的目标并让员工参与其中是一个非常有益的过程。在此过程中，我们提高了企业的凝聚力和员工的敬业度。

我们最近才阐明了目标宣言，如今其发挥着重要作用，帮助我们提升员工满意度，改善企业变革能力，使我们更加注重改善客户体验。明确我们的目标，并将目标、员工的努力以及优质的产品和服务相结合，为企业的长期成功奠定了坚实的基础。

我们的目标还帮助我们更好地理解，作为一个团队，如何更好地了解并关心我们的客户，以及在保障他们的未来方面能发挥什么作用。这有助于我们把各个角色与业务目标的实现更紧密地联系起来。

我们的目标只有寥寥数语，却帮助我们阐明了公司真正的重心。目标还让我们更加以客户为中心。据《财富见解精要》杂志报道，我们面向客户的销售团队目前在服务方面位居首位，我们的目标是保持首位。

关于目标，您对大家有什么建议？

要探索企业的历史。我们发现澳大利亚财富管理集团170年前设立的宗旨——帮助澳大利亚人实现经济独立——在今天同等重要。目标是企业存在的原因，而探索历史对目标的树立大有帮助。

在探索历史和拟订目标时，要让领导层和尽可能多的员工参与其中。这对他们来说是一段齐心协力的经历。

对我们而言，重要的是把我们的目标与业务的各个部分相连，包括与我们的子品牌相连，如沙福斯金融集团、奥德米内特、康萨特姆、布里奇斯、龙狮戴尔和澳洲现金管理信托。您要让所有业务部门都参与到这一流程中，并确保您的目标能引起所有人的共鸣。

您还要确保目标与内外部客户息息相关。在我们的案例中，客户可能是顾问、雇主或投资者。目标还与团队成员有关，他们之间的良好关系，可以为客户带来更好的结果。

我们知道，如果想要了解、关心并保障外部客户的未来，我们也需要为员工做到这一点。

一旦发现并设定了目标，就不能停下脚步，每天都要与目标同呼吸、共命运。为了让所有的想法、计划和行动与目标相一致，我们要深度解读目标，也要弄明白需要调整的内容及方法。

案例3：澳大利亚私人保险公司

（由澳大利亚私人保险公司前董事总经理兼首席执行官乔治·萨维德斯供稿）

关于澳大利亚私人保险公司

澳大利亚私人保险公司是一家综合性医疗保险公司，也是澳大利亚最大的医疗保险供应商，其服务人数超过375万。该公司成立于1975年，起初是一家非营利性的公共医疗保险公司。2009年，它转型为一家营利性商业组织，并于2014年上市。董事总经理兼首席执行官乔治·萨维德斯于2016年3月31日卸任。在任职的14年里，他带领公司完成了业务转型。

澳大利亚私人保险公司为何会制订目标?

我和高管们发现,虽然财务指标至关重要,但它不是我们完成任务所面临的关键挑战。我注意到,财务状况好转并没有让员工热情高涨,他们依然无精打采,以致我们的业务不能满足客户的真正期望。虽然金融稳定性很重要,但客户希望我们在引导健康体系时,能保证他们"高枕无忧"。我们为客户的健康买单,比如提供医疗保险,但他们更想要健康保障。

显然,领导层面临的挑战是与目标建立更深的联系,即提供更好的健康服务,而不是停留在传统领域。向我的执行团队介绍目标概念后,我们认为企业要想由健康保险转型为健康保障,必须要给予我们的领导时间和空间,让他们交换意见,并从自身的工作环境中挖掘出客户对于健康保障服务的深切需求。

这一转型增强了客户和工作的相关性,对两者都有很大意义。就在他们为之欢喜时,我们递上了"目标实现之旅"的邀请函。结果,反响十分热烈。企业从"为健康买单"转变为"为健康代言",焕发出勃勃生机。其中的秘诀都藏在目标宣言里，即"我们为您的健康代言"。目标影响了产品设计、供应商合约、医疗系统功能和人才招募。

主要好处是什么？或者预计会是什么？

我们有能力在企业的各个层面阐明目标，这意味着我们的员工在语言和态度上已经成为目标宣言的"代言人"；目标宣言向我们的客户和其他利益相关者传达了企业存在的理由，我们赢得了尊重，获得了积极的反馈。我们深知目标充当了战略决策的过滤器。在竞争激烈的环境中做生意，就意味着随时迎接商业挑战。这犹如逆风的大海一样阻挡我们前行，但我们清晰的目标就如轮船的龙骨一般，让我们保持稳定、团结一致。

企业上下都清楚了目标是"为健康代言"，这让我们做决策时信心倍增。例如，我们决定获取其他公司的医疗保健功能，大胆要求我们的签约医院担负起改善临床表现和负起安全保障的责任。这就意味着当医院犯下不可容忍的错误时，为错误买单的不是患者，也不是健康基金会，而是医院。

目标就像快速转动的飞轮，给我们源源不绝的前进动力，为我们带来比短期结果更持久、更可观的企业绩效。

回首过往，在我们启程踏上目标探索之旅时，从未料到它竟有如此磅礴的变革力量。

关于目标，您对大家有什么建议？

如果您对企业目标有清晰的理解，那么您制订的战略将会经久不衰，更会给您带来可持续的竞争优势。目标将使您的企业更接近客户和其他利益相关者的期望。

让您的企业专注于实现目标，可以减少利己主义或个人抱负对管理者的干扰。目标让您一直致力于协调团队和满足客户需求，它也是解决问题和实现创新的天然"燃料"。虽然目标是无形的，但它能让人们全心全意地投入工作，释放他们的力量。

目标将为您带来巨大动力，但如果您不继续与目标同呼吸、共命运，目标及其激发的动力很容易就会烟消云散。价值观和行为要与目标相一致，如果它们相背离，团队的参与度将会降低，激情也会磨灭。简而言之，目标通过改变领导者及其团队的动机和行为令企业转型。

案例4：美世咨询公司

（由美世咨询公司总经理兼太平洋区负责人本·沃尔什供稿）

关于美世咨询公司

美世是全球领先的人才、健康、养老和投资咨询机构。在澳大利亚，美世帮助客户优化他们最重要的资产——员工的健康、财富和事业。美世在澳大利亚和新西兰拥有约2100名员工，管理着逾千亿美元的资金，正在引领更多人走向辉煌的明天。

美世为何会制订目标？

在2015年担任首席执行官之前，我曾每周穿梭于各个金融服务部门。我注意到，太多员工认为他们的工作是每日到岗，来完成最小的交易量。这些员工没有真正理解他们的工作对于客户的意义，导致工作效益较低。

一些客户说我们的业绩优良，且达到了我们承诺的关键绩效指标。但我在与他们交流时注意到，我们并非事事都能让他们满意。

我认为公司需要一位首席客户官来负责更广泛的业务，并直接向首席执行官汇报工作。我们共同设立了一个鼓舞人心的目标：为我们的客户和主顾创造更美好的生活。具体来说，就是我们要了解我们的客户，让彼此的互动更轻松，也让他们从我们的管理中获取最大效益。

"创造更美好的生活成了我们的'山巅之虹'。我请我们的管理人员和所有同事帮忙制订出了目标和实现目标的方案。"

主要好处是什么？或者预计会是什么？

"创造更美好的生活"帮助美世成为一个更加以客户为中心的企业，还要求我们严格管控工作内容和投资方向。

我们必须调整内部流程，以兑现对客户的承诺，例如加大分析学和行为科学方面的投入，以确保我们更好地了解客户。

我们认识到，我们实际上有两大客户群体——企业高管及和美世打交道的数百万澳大利亚人。

目标使我们更加专注于调整思维和语言，以便更好地为客户提供服务。目标还帮助员工在工作中找到了更多意义。我们的目标之旅仍在继续，还有很大的进步空间。我们现在经常商讨如何改善财富管理、医疗保健及人才管理服务，从而创造更美好的生活，并积极利用我们的专业知识为客户打造美好未来。

我们专注于实现目标，这帮助我们提高了员工的敬业度、客户的满意度和推荐量，生产力和业绩也因此开始提高。

我们的目标现在更加明确，这有助于提升文化氛围、改善工作环境。

关于目标，您对大家有什么建议？

在踏上目标之旅以前，应该获得员工、董事会和普通人的信任，解决任何燃眉之急。

只有高度互联的企业才能打造成功的未来。在企业中融入一个有意义的目标可以帮助员工建立更紧密的联系，远比在首席执行官和领导团队内造成的变革深刻。

目标需要很长时间才能在企业文化中根深蒂固，所以需要有坚持下去的动力。寻找目标的支持者和早期践行者，让他们参与进来有助于集聚必要的动力。

要让员工和其他利益相关者认识到，我们制订目标不仅仅是为了积累更多财富，也是为了创造更美好的生活。

案例5：澳大利亚国民银行

（由澳大利亚国民银行总裁彼得·艾奇逊供稿）

关于澳大利亚国民银行

国民银行是澳大利亚和东南亚最大的信息技术和数字招聘公司，在悉尼、墨尔本、布里斯班、堪培拉、阿德莱德、珀斯、中国香港、新加坡等城市设有办事处，年收入超过6亿美元。

国民银行拥有约220名直属雇员，管理着4500多家大型信息技术和数字化转型项目的承包商。该公司的客户数量超过535位，主要包括中国香港特别行政区政府、新南威尔士州政府、澳大利亚联邦政府、澳大利亚电信、澳大利亚国民银行、澳大利亚联邦银行、埃森哲、惠普、科尔斯、澳大利亚航空和澳大利亚邮政。

2012年至2015年，国民银行因其杰出的员工敬业度被授予怡安翰威特最佳雇主奖。澳大利亚联邦政府为106家公司颁发了"性别平等雇主选择奖"（EOCGE），国民银行名列其中。

国民银行为何会制订目标？

首先，这是一系列事件的结果。我们最近被日本新股东瑞可利集团（Recruit Holdings）收购，其有坚定的目标和愿景。双方团队会面时我们发现，他们的目标清晰，且带来了显著的影响，这对塑造他们的思维和活动方式意义重大。我们把他们看作一个有吸引力的收购者就有这部分原因。在我们看来，他们树立了目标，这样才能登高望远，变得与众不同。

其次，在宣布被瑞可利集团收购后不久，我觉得有必要向员工阐明我们的目标及我们这么做的原因。作为首席执行官，我借此机会谈起变革步骤，以助力公司从优秀迈向卓越。我们相信吉姆·柯林斯（Jim Collins）提出的"从优秀到卓越（Good to Great）"原则。我需要阐明卓越企业的衡量标准。

《从优秀到卓越》一书的作者吉姆·柯林斯非常清楚成为卓越企业要拟订的决策。您可以采取以下措施：

· 以投资资本回报率（ROCE）为衡量标准，超预期完成财务目标；

· 为公司服务的区域带来独特影响；

· 持之以恒、超越领导、明晰概念、克服挫折。

显然，按照这个定义，企业需要明晰自己的目标或使命，而这恰恰是我们所缺少的。

最后，公司一位工商管理硕士学员回顾了高绩效企业的特点后，将明确的目标或使命视作高绩效企业的"通行证"。她让我看了她的研究，并问我能否设定国民银行的目标。结果我们开展了一个全公司范围内的项目，由那位学员负责。

我们设定的目标是：帮助英才圆梦，创造美好生活。这个目标让我们喜上眉梢。

主要好处是什么？或者预计会是什么？

随着时间的推移，我们希望公司的目标是实现卓越的财务业绩，因为目标能提高员工的工作效率、敬业度及工作积极性，从而为公司获取更多的利润。

我们也希望企业目标能赢得客户和承包商的支持，因为只有这样，企业的独特之处才能在其心中打下烙印。这样，其自然而然就提高了忠诚度。

将目标融入企业的方方面面，是一项浩大的工程，我们将其视为从"从优秀到卓越"之旅的一部分。

关于目标，您对大家有什么建议？

首先，明确规定企业目标终将带来高于同行企业的财务回报，这只是其中一个好处。它并非随意、空洞的人力资源材料。这可能要消耗时间，但值得坚持不懈。

其次，目标是可以让所有员工心向一处的关键动力和统一方案，但也要确保把公司的日常战略说清楚。

最后，一个明确的目标并不能瞬间带来好处，但"滞后"的好处值得我们奋力一搏。

案例6：史迪威家族企业

（由史迪威家族企业主席克里斯·史迪威供稿）

关于史迪威家族企业

史迪威家族是已故的比伯·史迪威的直系后裔，现在已传到第三代，大部分家族成员居住在墨尔本。第二代家族的核心成员是兄弟姐妹5人，以及由此衍生的包括配偶、伴侣和子女在内的30余名成员。由他们组成的家庭委员会负责监管家庭事务，并领导一个独立的大型企业董事会。该董事会负责监管家族生意，主要包括高档汽车专营权和物业。

史迪威家族企业为何会制订目标？

我们已经设立了商业愿景和目标，但因家族不断壮大，我们仍要回答以下重要问题。

· 我们最想留给子孙后代的是什么？

· 我们始终以家族企业模式经营的原因是什么？

· 我们对于未来的共同愿景是什么？

· 如何让下一代顺利继承我们的遗产？

尼古拉斯·巴内特让我们相信，如果家族能设立一个清晰的愿景和目标，这些关键问题将迎刃而解。在这本书中，尼古拉斯带我们见证了他和罗德尼发现目标的过程。几乎所有的家族成员都参与了这一过程，大家团结一致，共同迎接挑战，内心满是喜悦。最后我们将愿景和目标宣言表达得言简意赅。

愿景：一个团结的家族继承我们的遗产。

目标：支持个人成才、机会共享。

主要好处是什么？或者预计会是什么？

我们的家族愿景和目标是一切计划和决策的基石。这句话简洁而深刻，为那些复杂的深层次问题提供了清晰的答案和方向。我们为什么要作为一个家族共同奋斗？我们想给子孙后代留下什么？这些问题曾让我们绞尽脑汁。

我和兄弟姐妹们探索家族愿景和目标的目的是达成一个大家一致同意的最终宣言。在此过程中，我们倾注了自己的情感。一想到下一代人才是把宣言和情感融为一体的主力，我们就万分激动。

我们的家族在不断壮大，成员间存在着诸多差异。我希望我们的家族愿景和目标能一直把我们家族连为一个整体，并在今后的许多年里，为所有的家族计划、决策及行动提供指导。

关于目标，您对大家有什么建议？

多数人认为，不管企业大小，设立愿景和目标都是为了激发力量、指导方向并引起关注。

　　是目标的力量让我们的家族团结一致，是目标告诉了我们为什么要作为一个整体行事，是目标让我们明白最想把什么传给子孙后代。这些最根本的问题都能在目标里找到答案，我对这一点深有体会，所以我建议所有家族成员都参与这一过程。最重要的是，我们要一起发现、坚守并实现这个引人注目且鼓舞人心的目标愿景。

　　读者应该注意到，发现目标的过程并非易事。尼古拉斯告诉我们，在探索目标的过程中，我们都会有不知所措的感觉。这正是我们的感受，但我们相信这一过程有着重要的价值，值得我们坚持不懈。发现我们苦苦探索的目标迎面而来时，我们欣喜若狂。

案例7：文森特医疗

（由维多利亚州文森特医疗首席执行官约翰·布旺斯基供稿）

关于文森特医疗

文森特医疗成立于2003年，旨在延续圣文森保罗协会的使命——支援维多利亚州的弱势群体并为他们谋利益。

在今天的维多利亚州，文森特医疗被看成为弱势群体提供服务的主要机构之一。其服务对象包括：无家可归者、有无家可归风险者、老年人、残疾人、滥用药物者及有精神疾病者。

文森特医疗的服务中心遍布墨尔本市区和其他主要的区域中心。该机构拥有400多名员工，年收益达2500万美元，并于2016年帮助6456人加入无家可归者服务系统。

文森特医疗为何会制订目标？

2013年底，文森特医疗的员工参与了"英才协同性与敬业度调查"，以深入了解以下问题。

· 我们如何有效地激励员工实现企业目标？

· 我们执行企业战略和业务规划的成效如何？

· 对于企业想要实现的目标，我们与员工的沟通效果如何？

调查的时间要经过深思熟虑。董事会正处于两个三年战略的交界点，领导层发生了很大的人事变动，他们逐渐意识到企业业务已与使命脱节。

依据调查的基准框架，文森特医疗只能算一个业绩中等的企业。这一得分与英才的量表有关，在高绩效的企业中，员工参与度相对较高。他们工作时能正确理解并支持企业的愿景、方向及流程。高绩效企业的主要特征包括重视人才、系统高效、自主性强、员工流动率低。

虽然调查发现文森特医疗的员工在整体上参与度较高——可能与它服务社区的内在动机有关——但他们不够理解文森特医疗的总体方向，担忧企业在人才投资方面的努力不足，还意识到企业需要投入精力，全面整改体系。

显然，企业需要做的是：

· 加强交流——尤其关于愿景和目标的交流；

· 在管理层宣传得到认可的良好行为规范；

· 表彰在社区积极宣传的员工；

· 创造表彰、庆祝和奖励业绩的机会。

尼古拉斯·巴内特利用本书勾勒的流程，领导了一个企业范围内的项目，帮助董事会成员、全体员工、志愿者和客户审查并重设文森特医疗的愿景、使命和价值观。

我们所取得的成就是一幅价值观和文化蓝图——支持我们迈向为客户提供服务的新运营模式。

我们的愿景是：成为关爱弱势群体，给予他们希望，为他们发声的领导者。

我们设定的目标是：为弱势群体创造机会，彻底改变他们的人生轨迹。

主要好处是什么？或者预计会是什么？

"愿景、使命和价值观项目"受到了各方的热烈欢迎。

我们的愿景、目标和价值观在整个企业中占据着显要位置，不论在会议室还是在公共区域都是如此。这三项内容包含在所有职位描述中，它们为员工绩效发展计划奠定了基础。

我们关于共同目标的对话仍然至关重要——在每月的员工入职仪式、现场会议和领导通讯中，首席执行官都会正式回顾这个问题。我们要求所有的管理者反思：他们的团队成员在实现企业总体目标的过程中，该如何彰显自己对价值观的坚守？

"愿景、使命和价值观"项目总结了企业愿景、目标和价值观，这三大内容已经成为文森特医疗发展积极文化的关键驱动因素——新运营模式大获成功，实现业绩增长。

2014年底的一项员工后续调查进一步证明了明确目标的重要性。工作人员强调，为了确保企业的整体战略能够明确传达给员工，他们已经付出了诸多努力。他们还努力让员工对企业的期望和标准有更为清晰的理解。

关于目标，您对大家有什么建议？

如果想要就目标达成共识，不仅要借助语言，还要提高包容度及全体成员的凝聚力。

"企业将目标融入企业文化，并使之成为日常交流和思维方式的一部分时，要确保所有计划、项目、决策、活动、行为和信息传递与依据目标制订的策略协调一致，紧密相连。"

任何重大变革的成功实施，都需要所有员工将目标置于首要位置，这样才能使目标成为他们思考和行动的一部分，成为日常信息传递的常规内容。要想增强企业实力，就要从认识协作学习开始，即围绕共同目标开展对话。

案例8：温特林厄姆福利组织

（由温特林厄姆福利组织首席执行官布莱恩·利普曼供稿）

关于温特林厄姆

温特林厄姆福利组织成立于1989年，秉持的原则是：无家可归的老年人应享有与社区其他人同等质量的养老服务。该企业专门为无家可归的老年人提供住房和其他支持，目前已发展成为澳大利亚在该领域的最大机构。

布莱恩·利普曼是温特林厄姆的创始人兼首席执行官。2015年，他被评为墨尔本"年度人物"，并成为澳大利亚骑士团成员。2011年，他一手打造的公司获得联合国人居奖，这是澳大利亚企业首次获此殊荣。

"英才员工协同性与敬业度调查"数据显示，温特林厄姆是表现最好的澳大利亚企业之一。

温特林厄姆为何会制订目标？

温特林厄姆的创立源于一股深深的愤怒，那是一股没有任何消散迹象的愤怒。人们普遍认为愤怒对一个人的性格会产生负面影响，也会降低人们解决问题的能力，但愤怒也有积极的一面。如果使用得当，它就会产生一股强大的力量，可以确保愿景纯粹如初、永葆生机。

1985年，我在戈登之家当社工。那是一个夜间收容所，可以为无家可归者提供300张床位。在那种地方生活或工作的感觉难以言表。强奸、殴打和谋杀等恐怖暴力行为几乎是家常便饭，但偶尔也会碰到一些善举。显而易见，屋子里充斥着沮丧感和绝望感，被收容者挣扎的身体透出万念俱灰之感。在这个"地狱"里住着许多上了年纪的人，他们试图在旋涡中挣扎，往往躲在自己的小隔间里寻求庇护和安逸。

此时，我的父母开始需要养老服务了，我第一次意识到澳大利亚的养老服务有多棒。自然而然地，我就试着帮助戈登之家的老年"客户"获得这种极好的养老服务。令我失望和苦恼的是，我发现自己无法将他们成功转介到提供养老服务的主流教会或社区。每次转介，我都会被其以各种理由搪塞。很显然，歧视是拒绝转介的根本原因。老年护理提供者根本不愿意让无家可归的老年人占用他们的资源。

那些道貌岸然的非营利性组织获许挑选老年客户，有权拒绝无家可归的人进入，这让我愤怒至极，于是我离开了戈登之家。秉持着为无家可归的老人提供优质养老服务这一目标，我创办了自己的福利组织，将其命名为"温特林厄姆"。

在最初的两年里，我是唯一的员工，情况非常不稳定。如今我们已有600多名员工，是澳大利亚最大的为无家可归的老人提供老年护理服务的机构。

在这个过程中，我遇到了一些不同于大多数"变革推动者"的问题：我的任务不是转变现有的文化，而是创造一种文化。

今天，我看到我扮演的角色几乎就像主教练一样，其关键之处在于成为"愿景的守护者"。我的职责不是告诉员工如何完成他们的工作，而是赋予他们权力，让他们根据公司的基本理念自行决策、自发行动。

主要好处是什么？或者预计会是什么？

在澳大利亚，接受居民或社区养老服务的典型老人形象通常可以被描述为一名至少85岁的女性。我们还可以这样描述她：她是一位白人，也是一名中产阶级，其家庭和睦友爱，可以为亲属的医疗服务提供经济支持。

另一方面，温特林厄姆难免会有这样的客户——65岁上下的男性工人，其家庭支持为0或非常有限。为了使养老计划融资模式灵活有度，能够代表温特林厄姆及其资助者照顾无家可归的人，创造性思维和毅力不可或缺。我们与最资深的公务员建立了真正的伙伴关系，他们开始展现出为无家可归的长者提供养老服务的热情和愿望。

最重要的是，温特林厄姆需要招募和培训员工，以实现前人眼中的"白日梦"。

在一个员工流动率很高的行业中，我们仍能留住人才，并将离职率降至很低的水平。一个简单的例子是，我们的27位经理在温特林厄姆的总服务时长达315年。与此相当的个人服务年限在企业上下比比皆是。事实上，现在我们的一个俱乐部已经成立20年了。

　　为什么员工会留下来呢？当然不是因为工资——所有福利工作者的薪水都很低，老年护理工作者也不例外。员工工资仅仅反映了政府资助的匮乏及客户糟糕的经济状况。

　　员工留任是出于对工作的满腔热情。他们知道，鲜有人愿意去做他们所做的工作，他们知道自己正在发挥巨大作用。从根本上说，他们留任是因为他们成了自己引以为傲的文化精神的一部分。

　　人人都是受益者。客户在他们的生活中获得了一个稳定的照料者，这个人在他们需要帮助时能提供服务。温特林厄姆获益是因为员工的流动率低，使得企业知识储备呈指数级增长。公务员获益是因为给无家可归的老人提供服务是一个伸张社会正义的愿景，而他们成了其中的一部分，并在许多情况下充当了积极的参与者。

　　这个共同愿景和承诺的关键之处在于领导力——将所有事物连为一体的黏合剂。领导者必须有领导者的样子，应该走近员工，尊重他们；员工也要看看领导者对他们的工作有多尊重。领导者可以在幕后做成大事，但除非他们与员工保持密切互动，否则他们永远无法获得成功企业所拥有的承诺和激情。领导力不是源于工商管理课程或小组讨论，而是源于创造一种让其他人产生共鸣的愿景。

关于目标，您对大家有什么建议？

我认为目标和领导力紧密相连。领导者不仅要阐明目标是什么，还应激励企业遵循这一目标。优秀的企业不需要精美的宣传册，也不需要通过高价的媒体宣传活动来推广他们的目标——事实上，如果目标不准确，这样做只会遭受冷嘲热讽。

要让员工感受到自己是企业目标的一部分，他们需要对这种愿景有归属感。他们的日常工作或许平淡无奇，或许困难重重，或许挑战不断，但不管怎么样，他们都应该明白自己的工作促进了企业目标的实现，而那就是他们信仰的目标。

企业目标绝不可混乱不清，必须始终如一，还必须传达给所有员工。企业目标和员工待遇之间还需要有真实和有形的对称感。

　　一位优秀的领导者会赋予员工权力，让他们充分参与到组织愿景的实现过程中。员工需要明白自身的价值，因为他们受到领导的重视，感受到有人了解他们、尊重他们并倾听他们的心声。福利可以让业界认识到，没有必要为了让员工在工作中充满激情而支付高额薪水。目标比金钱更能激励人心。

案例9：辛特奥企业协作平台

（由辛特奥董事总经理切斯特·坎宁安供稿）

关于辛特奥

辛特奥于2008年在挪威成立，目前约有60名员工，在奥斯陆、伦敦、德里和珀斯设有办事处。作为一个协作平台，辛特奥激励着各行各业的领导者，带给他们灵感。该机构还为企业开发新项目，帮助其以新的方式实现业绩增长，从而适应21世纪的资源、气候和人口现状。

辛特奥为何会制订目标？

数百年来，现有的经济增长模式带来了巨大的进步，这曾是一股积极的力量，但现在这种增长模式已不再适应我们的需求了——也无法满足我们子孙后代的需求了。在许多方面，它已经成为一股消极的力量，为获取短期胜利而置长期繁荣、自然资源保护于不顾，致使排外主义愈演愈烈。

辛特奥的目标是重塑发展模式。该公司及其合作伙伴认为，我们需要一种新的增长模式——与自然合作，而不是违背自然规律；造福多数人，而不是少数人；不仅要赢得短期收益，还要创造长期繁荣。

因此，辛特奥是其目标"重塑发展模式"的产物，这可不能倒过来说。这一目标使我们能够与各行各业的领导者齐心协力，解决人类面临的严峻挑战，因为这些挑战也伴随着巨大的商业机遇。

主要好处是什么？或者预计会是什么？

辛特奥的目标是重塑经济发展模式，这个目标就像北极星一样照亮了企业。它可帮助企业的合作伙伴找到抓住商机的新方法，这不仅能够在金融领域，而且能够在几代人之间传递价值，为股东、社会和自然界带来同样的价值。

譬如，我们在印度设立了一个以企业为主导的联盟，使印度政府与私营企业在技能、能源、通信、健康和农村发展等方面的发展目标保持一致。在另一个合作项目中，我们正与多家技术先进的制造和加工企业合作，共享技术开发方面的资源。这不仅在技术和商业领域行得通，还获得了社会的认可。

目标有一股强大的推动作用，能够吸引世界上的一些精英加入我们的项目，成为我们的员工和合作伙伴。这反过来又形成了一个既可以实现目标，又可以激励他人的领导群体。譬如，在领导先锋倡议中，我们正与全世界各行各业的核心领导人一起努力，为威胁未来发展的问题酝酿商业解决方案。

关于目标，您对大家有什么建议？

企业应该花时间重新审视初始目标。如今世界正面临越来越多的难题，这些难题绝不是靠某个行业、部门或国家的能力就能单独解决的。如果缺乏有效的领导，企业就要凭借自身丰富的资源和卓越的才能跨越国界，突破供应链的扩展范围，从而回归服务社会的初心。这可以确保其一直保持关联性、可信度和未来适应性。

但只有怀揣目标的领导者才能让目标具有影响力。如果员工不支持目标，目标就不能推动企业前进。事实证明，目标能激发动力，领导者则是保持并增强这一动力的重要力量，这种力量还包括内部拥护者和其他真心实意为目标提供支持的外部人士。

要想实现目标，就要实施重大变革，企业需要与股东、员工、供应商、客户以及社会共同制订议程。只关注股东的价值回报，不仅无益于实现目标，还会让企业执迷于短期成效，对长期风险和机遇视而不见。